CADERNO DE APRENDIZAGEM

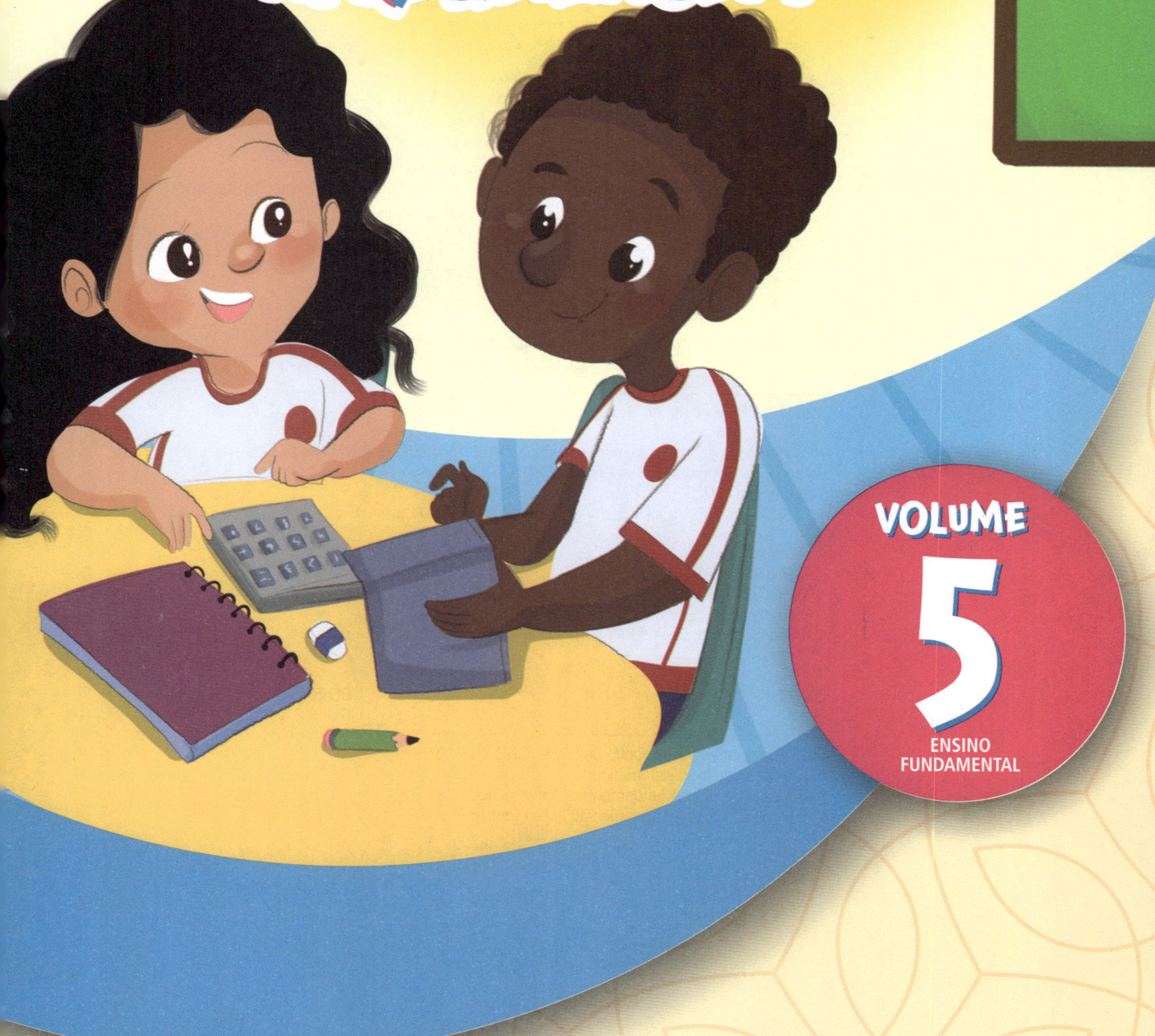

VOLUME 5
ENSINO FUNDAMENTAL

MATEMÁTICA

IBEP
1ª edição
São Paulo — 2023

Coleção Caderno de Aprendizagem
Matemática Volume 5

Diretor superintendente	Jorge Yunes
Diretora editorial	Célia Assis
Edição	Viviane Mendes e Mizue Jyo
Produção de conteúdo	Rebeca Helangela Albuquerque Mendes (gestora), Elias Coutinho Marques (coordenador) e Cíntia Maciel Batista Diógenes (autora)
Assistentes editoriais	Isabella Mouzinho e Stephanie Paparella
Revisoras	Yara Affonso e Erika Alonso
Edição de arte	Mizue Jyo
Secretaria editorial e processos	Elza Mizue Hata Fujihara
Projeto gráfico e capa	Aline Benitez
Diagramação	NPublic
Produção gráfica	Marcelo Ribeiro
Ilustrações	Ilustra Cartoon, Mariana Tiemi, Shutterstock
Ilustração de capa	Vanessa Alexandre

DADOS INTERNACIONAIS DE CATALOGAÇÃO NA PUBLICAÇÃO
(CIP) DE ACORDO COM ISBD

I12c IBEP - Instituto Brasileiro de Edições Pedagógicas

Caderno de Aprendizagem: Matemática / IBEP - Instituto Brasileiro de Edições Pedagógicas. – São Paulo : IBEP – Instituto Brasileiro de Edições Pedagógicas, 2023.
160 p. ; 20,5 cm x 27,5 cm. – (Caderno de Aprendizagem; v. 5)

Inclui índice.
ISBN: 978-65-5696-318-1 (Aluno)
ISBN: 978-65-5696-319-8 (Professor)

1. Educação. 2. Ensino fundamental. 3. Livro didático. 4. Matemática. I. Título. II. Série.

2023-373 CDD 372.07
CDU 372.4

Elaborado por Vagner Rodolfo da Silva - CRB-8/9410
Índice para catálogo sistemático:
1. Educação - Ensino fundamental: Livro didático 372.07
2. Educação - Ensino fundamental: Livro didático 372.4

1ª edição – São Paulo – 2022

IBEP

CÓPIA NÃO AUTORIZADA É CRIME
ABDR
ASSOCIAÇÃO BRASILEIRA DE DIREITOS REPROGRÁFICOS
RESPEITE O DIREITO AUTORAL

Rua Gomes de Carvalho, 1306, 11º andar, Vila Olímpia
São Paulo – SP – 04547-005 - Brasil – Tel.: (11) 2799-7799
www.editoraibep.com.br | editoras@ibep-nacional.com.br
Impressão e Acabamento - Face Editora - Dezembro de 2025

APRESENTAÇÃO

Prezado aluno,

Este material foi elaborado de maneira que você possa realizar diversas atividades de Matemática a fim de desenvolver ainda mais suas habilidades nessa disciplina durante todo o processo de aprendizagem.

O livro está organizado em sequências, e cada uma delas trata um assunto da Matemática, por exemplo: Números, Grandezas e medidas, Geometria, além de outros que vão ajudar você a compreender melhor as situações do dia a dia.

Ao final de cada sequência, nosso Diário de Bordo registra os conhecimentos que foram estudados em cada uma, permitindo a você que os retome, caso sinta necessidade.

Temos certeza de que o **Caderno de Aprendizagem** será um grande aliado em seu processo de desenvolvimento escolar.

Bons estudos!

Os editores.

SUMÁRIO

SEQUÊNCIA 1

PLANO CARTESIANO

VAMOS COMEÇAR!

Você conhece o jogo Batalha Naval?

SHUTTERSTOCK

Batalha Naval é um jogo de tabuleiro no qual dois jogadores precisam adivinhar a localização dos navios do adversário. Ganha quem destruir primeiro todos os navios adversários.

Para localizar as embarcações, é preciso utilizar um sistema de posições composto de linhas verticais (com números) e linhas horizontais (com letras).

Elias e Amanda estão brincando de Batalha Naval. Observe a localização de algumas embarcações deles no tabuleiro.

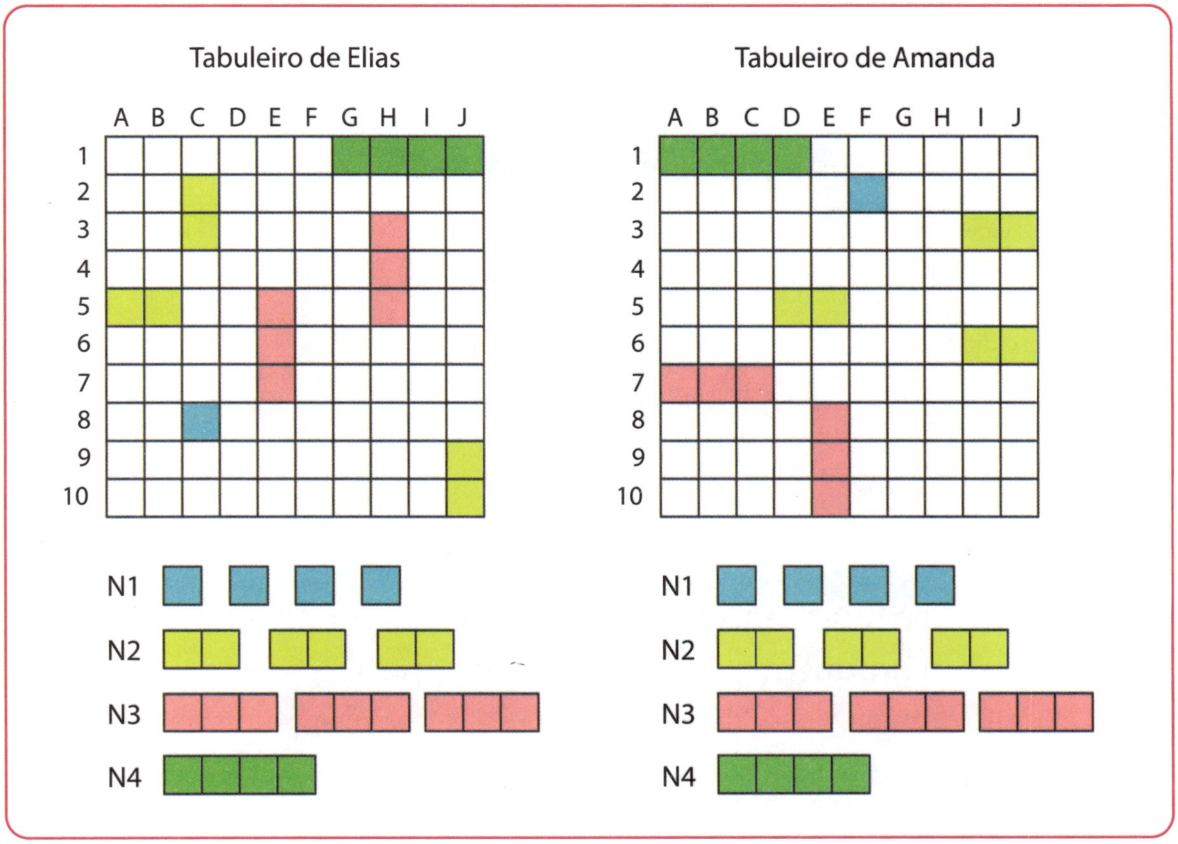

MARIANA TIEMI

Cada jogador precisa acertar os navios de seu adversário. Ganha o jogo quem conseguir acertar primeiro todos os navios do outro jogador.

a) Cite 5 posições que Elias pode dizer para acertar alguns navios de Amanda.

b) Cite 5 posições que Amanda pode dizer para acertar alguns navios de Elias.

c) Se Elias falar 5E, ele vai acertar um dos navios de Amanda?

d) Se Amanda falar 7G, ela vai acertar um dos navios de Elias?

e) Existe alguma posição repetida no jogo de Elias e no de Amanda?

f) Diga uma posição no jogo de Elias e outra no jogo de Amanda que não tenham nenhum navio.

VAMOS ENTENDER! !!!

1. Nesta malha quadriculada, as colunas estão nomeadas com letras, e as linhas, com números. Veja: a bola está na posição D2.

Escreva o nome do objeto que está na posição:

a) A1: ______________________.

b) C4: ______________________.

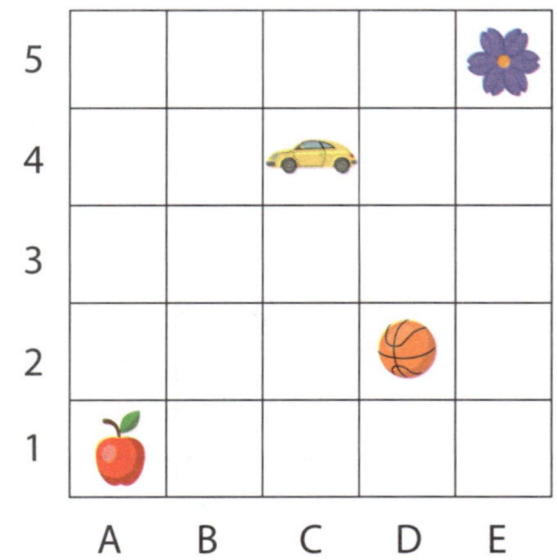

SHUTTERSTOCK/MARIANA TIEMI

Ao indicar uma localização, registramos primeiro a **coluna** e, depois, a **linha** em que o objeto se encontra.

2. Desenhe as seguintes figuras em cada posição:

a) 4C: carrinho

b) 8D: maçã

c) 7E: flor

d) 2A: lápis

e) 1B: casa

f) 3F: bola

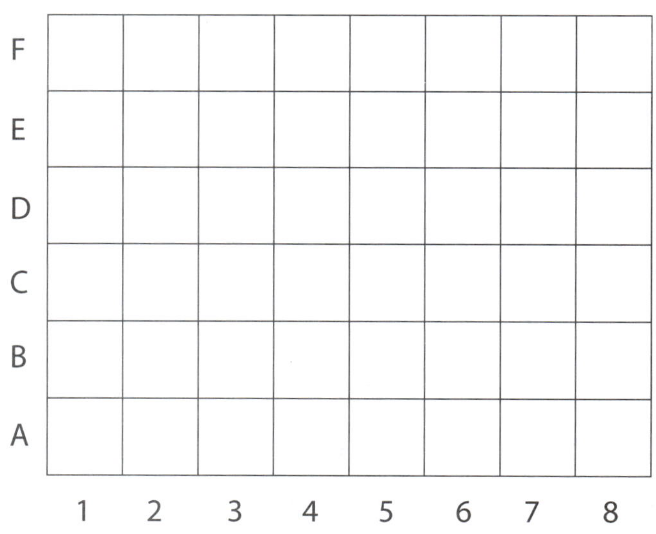

MARIANA TIEMI

3. Esta figura representa a vista superior da sala de aula em que Lívia estuda. Nela estão indicados os lugares de alguns alunos.

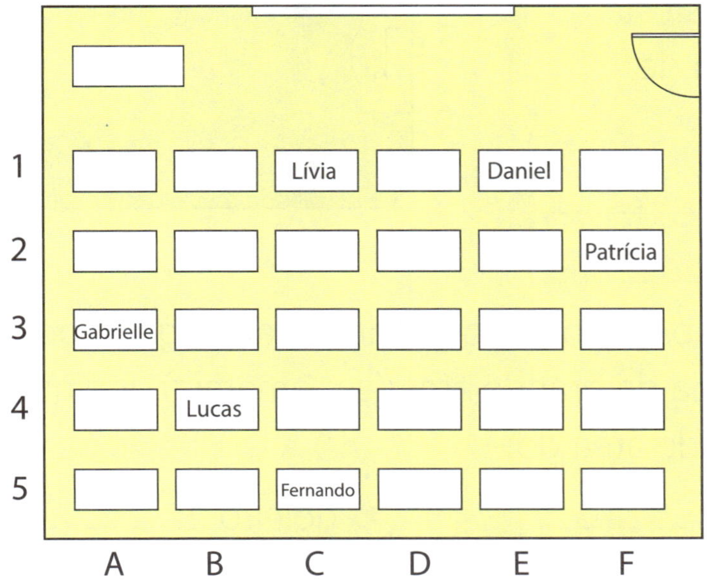

SHUTTERSTOCK/MARIANA TIEMI

Indique a posição de cada um dos alunos.

a) Patrícia: ________

b) Fernando: ______

c) Gabrielle: ______

d) Daniel: ________

e) Lucas: __________

f) Lívia: ___________

4. Henrique representou a rota de um barco de pesca em um mapa de Batalha Naval.

a) Algumas posições nas quais o barco parou para pescar estão indicadas na cor azul. Quais são essas posições?

____

b) Considerando que a rota começou na posição indicada em amarelo, qual foi a posição de partida?

____

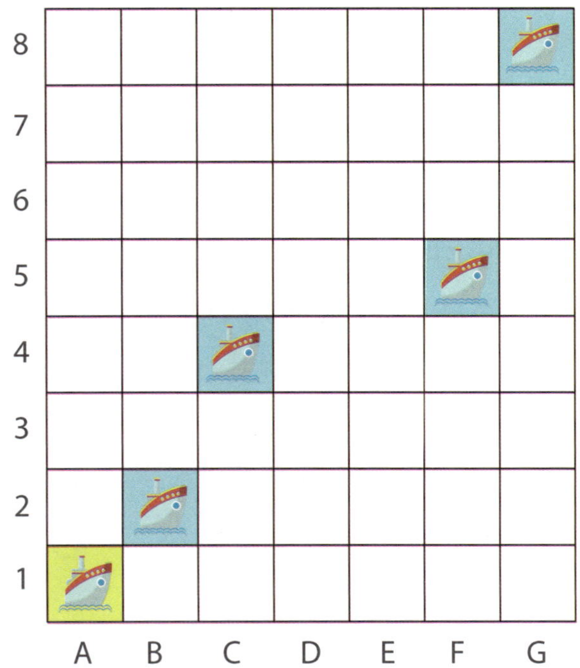

SHUTTERSTOCK/MARIANA TIEMI

5. Observe a imagem e responda:

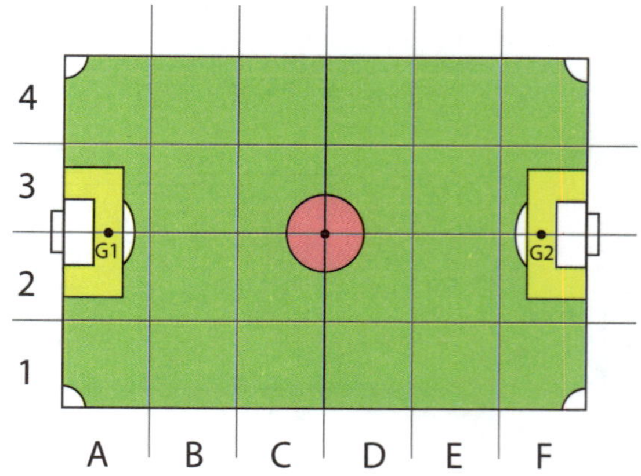

a) Em que quadrinhos está o centro do campo de futebol (em rosa)?

____

____

b) A região próxima ao gol, onde o goleiro pode pegar a bola com as mãos, é chamada de grande área (em amarelo). Indique onde se encontra a grande área do:

- goleiro 1: ______________
- goleiro 2: ______________

6. Jamile é bióloga e está fazendo uma pesquisa sobre as espécies de árvores que existem em sua cidade. Ela representou essas árvores com pontos vermelhos no cruzamento das linhas do plano cartesiano. Observe como ela escreveu a posição do ponto A.

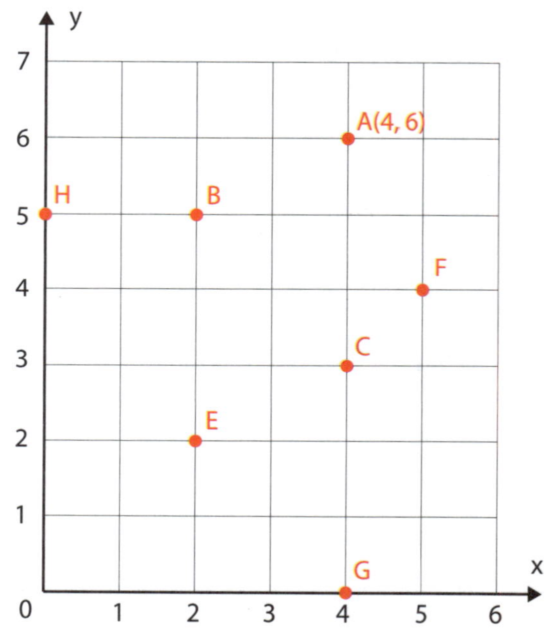

Escrever A (4, 6) significa que o ponto A está no cruzamento da linha vertical que sai de 4 com a linha horizontal que sai do número 6. Escreva a posição dos demais pontos, seguindo o exemplo.

B (___, ___) E (___, ___) G (___, ___)

C (___, ___) F (___, ___) H (___, ___)

O **plano cartesiano** é formado por dois eixos perpendiculares, um **eixo x** horizontal e outro **eixo y** vertical.

A posição de um ponto nesse plano é indicada por um **par ordenado (x, y)**.

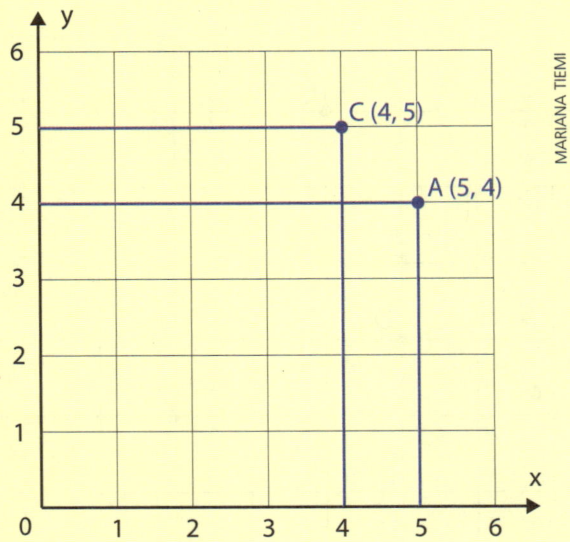

Observe na figura as ordenadas dos pontos A e C.

O ponto (0, 0) é chamado de **origem**.

7. As indicações (5, 4) e (4, 5) representam o mesmo ponto no plano cartesiano?

____

____

8. Identifique os pares ordenados de cada vértice do polígono ABCDE que Mateus desenhou.

____

____

____

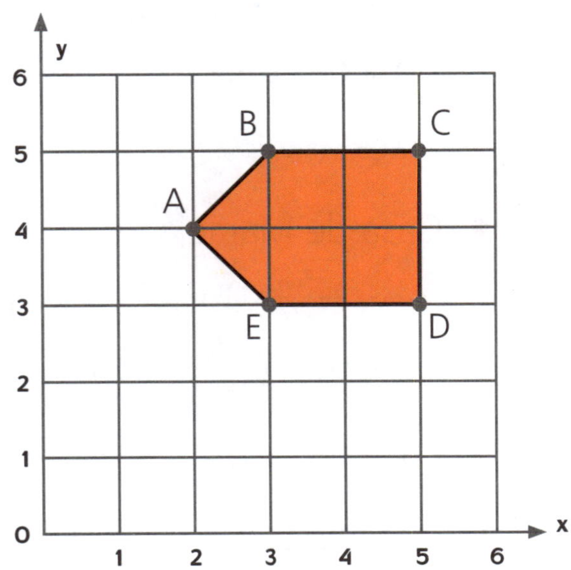

9. No plano cartesiano a seguir, localize os pontos:

a) A (2, 5) **c)** C (5, 9) **e)** E (3, 1) **g)** G (7, 3)

b) B (1, 7) **d)** D (4, 6) **f)** F (5, 2) **h)** H (0, 2)

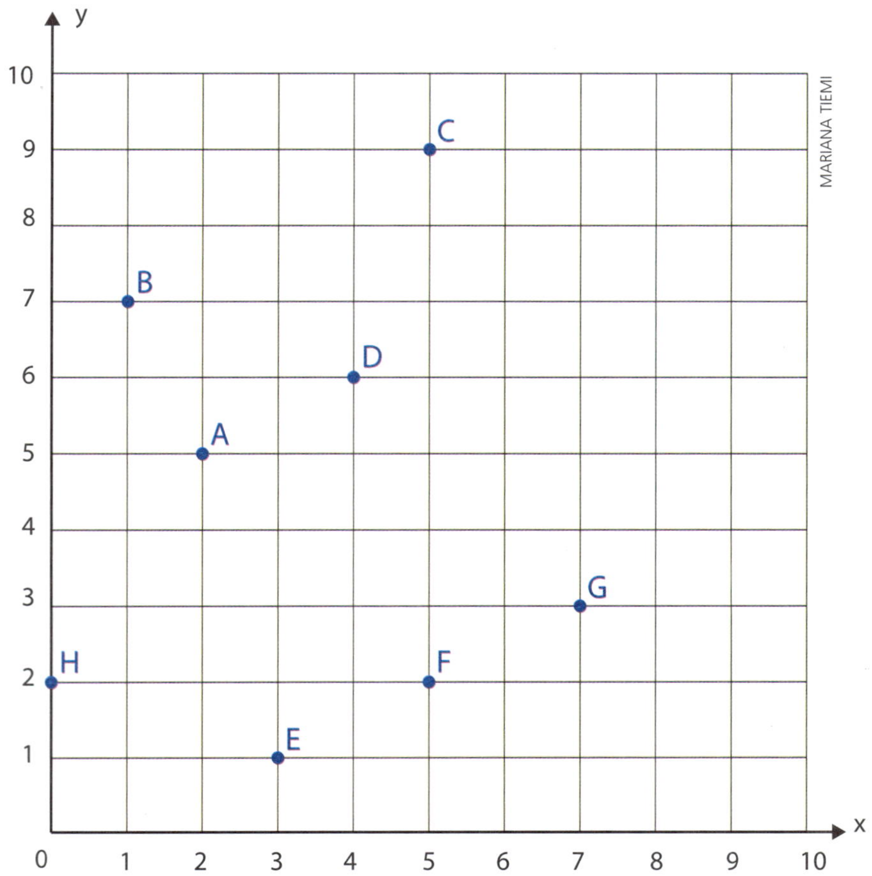

10. No plano cartesiano, escreva o par ordenado que indica as posições de:

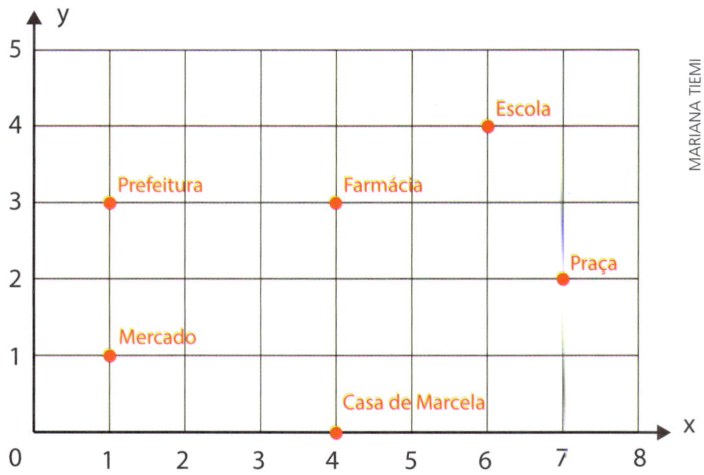

- Praça: (____, ____).
- Casa de Marcela: (____, ____).
- Mercado: (____, ____).
- Escola: (____, ____).
- Prefeitura: (____, ____).
- Farmácia: (____, ____).

11. Observe o plano cartesiano.

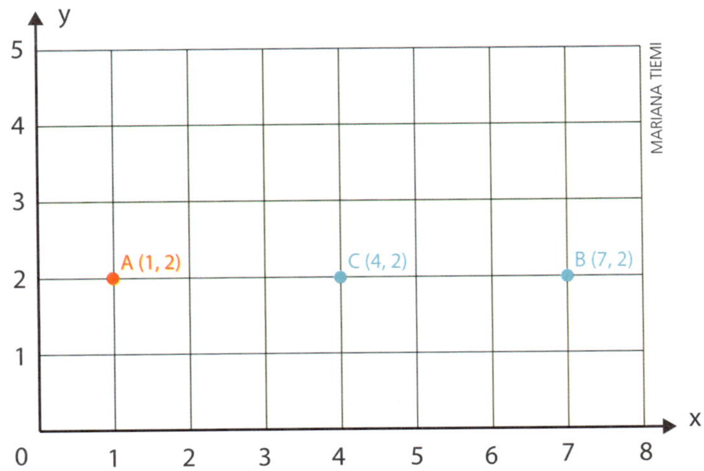

a) Trace uma linha saindo do ponto A (1, 2) até o ponto B (7, 2).

b) Bem no meio do caminho, entre os pontos A e B, marque um ponto C. Qual é o par ordenado que indica esse ponto?

____

____

DIÁRIO DE BORDO

Nessas atividades, você aprendeu:

- a localizar pontos no plano cartesiano utilizando o par ordenado.

SEQUÊNCIA

2 FIGURAS GEOMÉTRICAS

VAMOS COMEÇAR!

Você conhece o tangram? Tangram é um quebra-cabeça chinês de 7 peças, formado por alguns polígonos.

SHUTTERSTOCK/MARIANA TIEMI

a) Quantos e quais são os polígonos que compõem o tangram?

b) Todos os triângulos do tangram são iguais?

c) Ao juntar as duas peças maiores do tangram, que polígonos você vai obter?

VAMOS ENTENDER! !!!

1. Marque um **X** nas figuras que representam polígonos.

Os polígonos são figuras planas fechadas, formadas por segmentos de reta. Nos polígonos, é possível identificar **ângulos** internos associados a cada **vértice**.

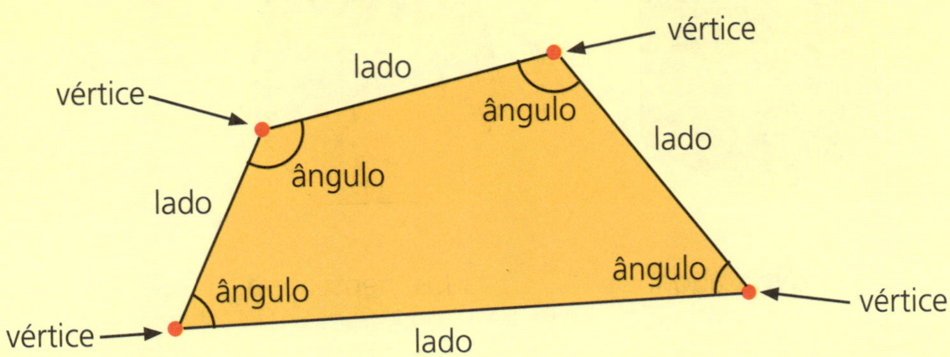

2. Observe as figuras.

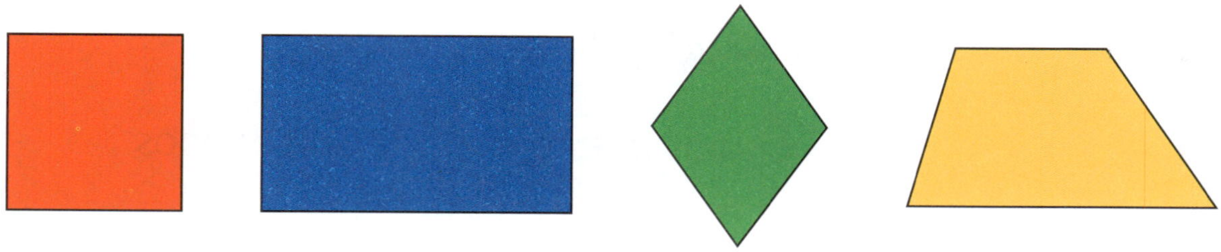

______ ______ ______ ______

a) Abaixo de cada figura, escreva o nome dela.

b) Das figuras acima, quais são polígonos?

____

c) Quantos lados tem cada uma das figuras?

____

Os polígonos podem ser classificados de acordo com o **número de lados**. Observe o nome de alguns polígonos.

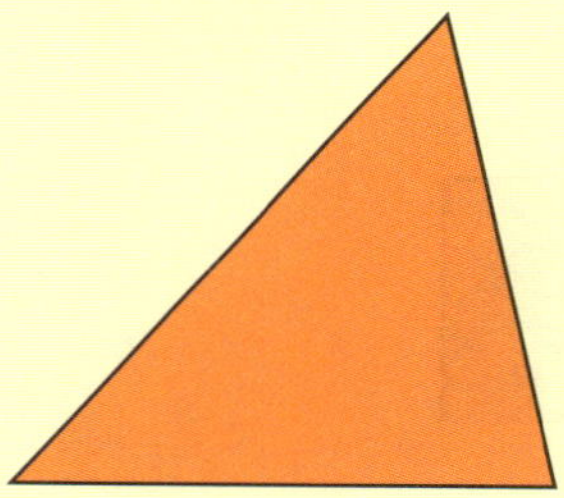

3 lados: triângulo

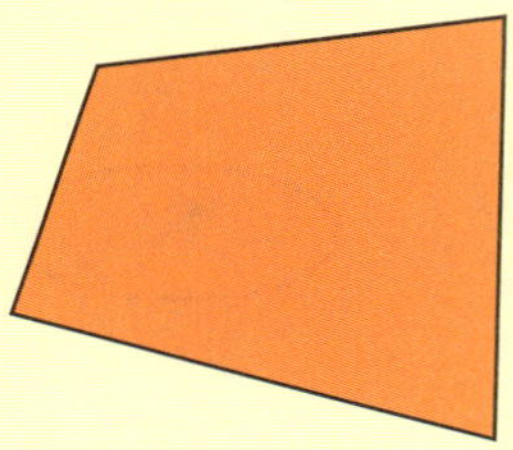

4 lados: quadrilátero

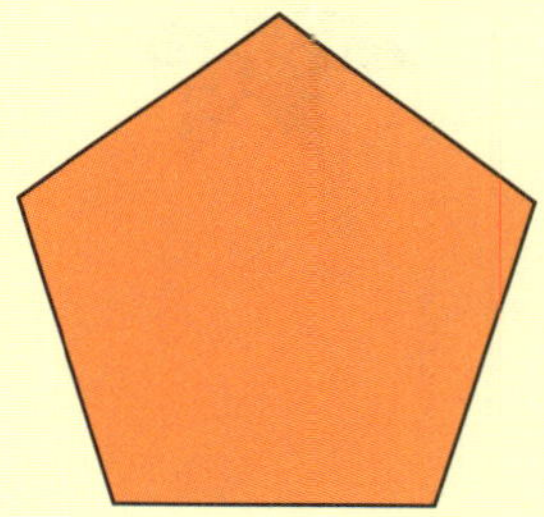

5 lados: pentágono

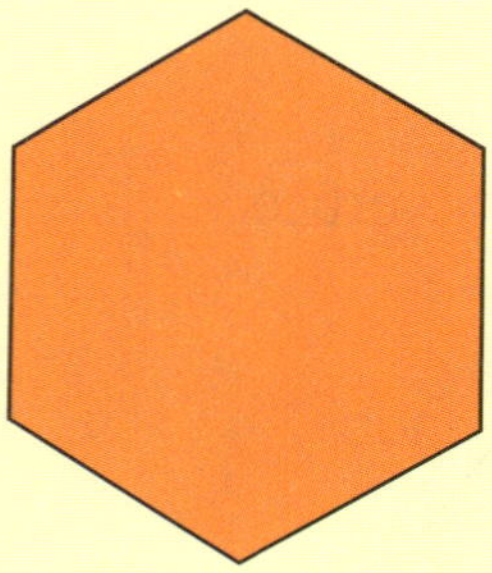

6 lados: hexágono

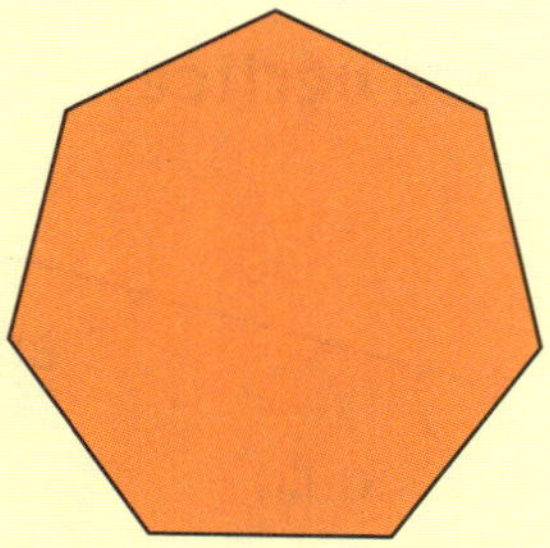

7 lados: heptágono

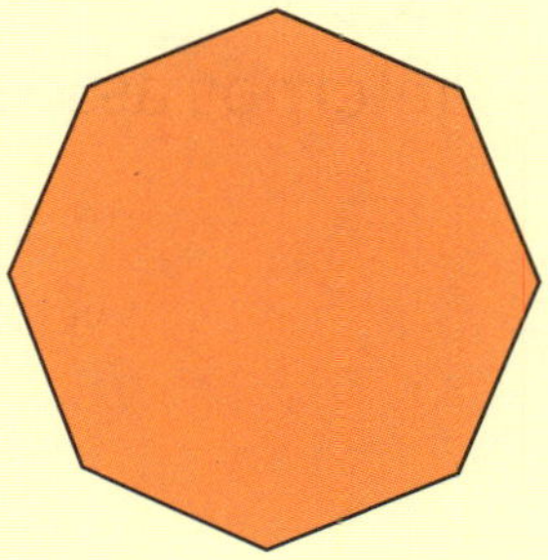

8 lados: octógono

3. Observe o polígono.

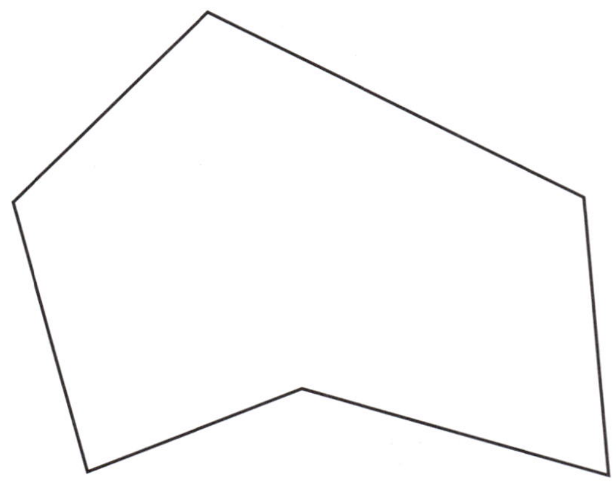

a) Quantos lados tem esse polígono?

____

b) Quantos vértices tem esse polígono?

____

c) Quantos ângulos internos tem esse polígono? Indique-os na figura.

____

d) Qual é o nome desse polígono?

____

4. Relacione a propriedade ao nome do polígono.

A Tem 7 lados.	( ) Decágono
B Tem 8 vértices.	( ) Octógono
C É um quadrilátero.	( ) Pentágono
D Tem 10 ângulos.	( ) Trapézio
E Tem 5 lados, 5 vértices e 5 ângulos.	( ) Heptágono

5. Assinale a afirmação verdadeira.

- [ ] Podemos construir um polígono com apenas dois lados.
- [ ] Todo polígono tem o número de lados igual ao número de vértices.
- [ ] Um polígono com 10 vértices chama-se pentágono.
- [ ] O trapézio é um tipo de triângulo.

6. Mateus desenhou um polígono com 5 vértices.

a) Quantos lados tem o polígono que Mateus desenhou?

____

b) Qual é o nome do polígono?

____

7. Use uma régua e um esquadro como apoio e desenhe os polígonos a seguir. Preste atenção nos polígonos que precisam ter ângulos retos.

a) Retângulo.

b) Triângulo.

c) Hexágono.

d) Trapézio.

e) Losango.

f) Quadrado.

8. Complete as frases com as palavras do quadro.

escaleno	retângulo	equilátero
obtusângulo	acutângulo	isósceles

a) O triângulo _______________ tem três lados com comprimentos diferentes cada um.

b) Todo triângulo que tem um ângulo reto é chamado de triângulo _______________.

c) Se um triângulo tem os três lados iguais, então ele é um triângulo _______________.

d) O triângulo _______________ tem um ângulo maior do que o ângulo reto.

e) Se um triângulo tem todos os ângulos internos menores do que o ângulo reto, então ele é chamado de triângulo _______________.

f) Triângulo _______________ é aquele que tem dois lados iguais.

9. Com uma régua e um esquadro, desenhe os seguintes triângulos.

a) Triângulo equilátero.

b) Triângulo retângulo.

c) Triângulo isósceles.

d) Triângulo obtusângulo.

10. Preencha o quadro indicando a quantidade necessária de cada polígono para montar a planificação dos poliedros.

	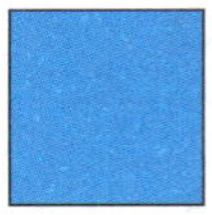		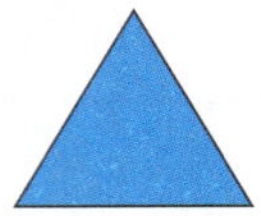	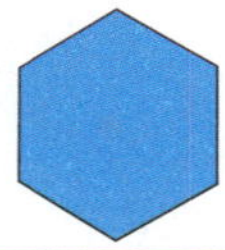
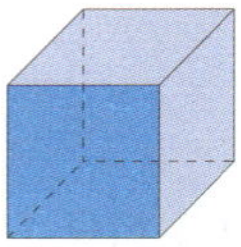 Cubo				
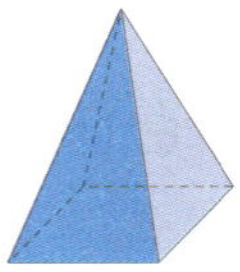 Pirâmide de base quadrada				
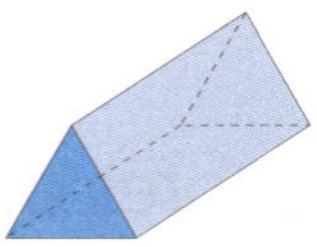 Prisma de base triangular				
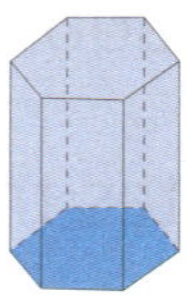 Prisma de base hexagonal				

Poliedros são figuras geométricas espaciais delimitadas por faces que são polígonos planos. Os elementos de um poliedro são:

- **face**: formada por um polígono plano;
- **aresta**: encontro de duas faces do poliedro;
- **vértice**: encontro de arestas do poliedro.

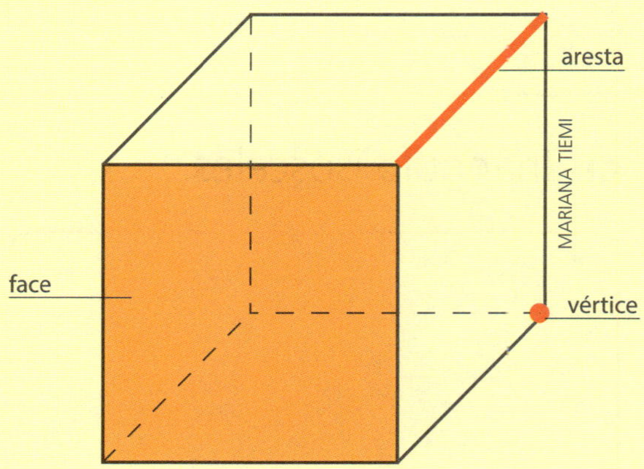

11. Observe as imagens das figuras geométricas espaciais e responda.

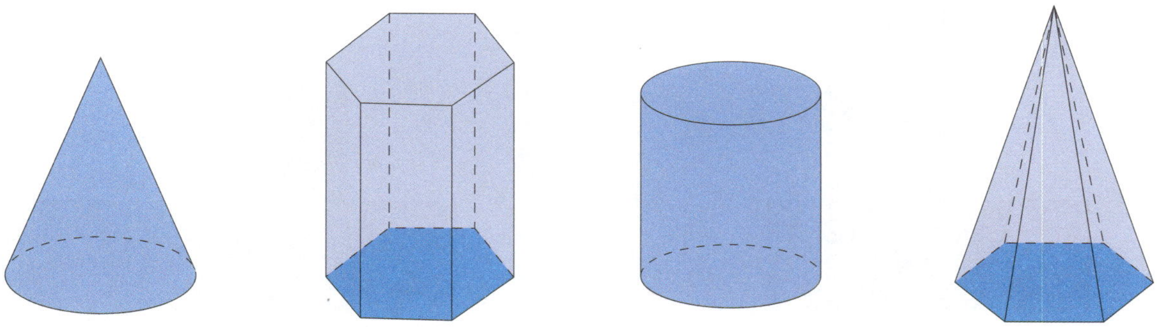

______ ______ ______ ______

a) Abaixo de cada figura, escreva o nome dela.

b) Dessas figuras, quais são poliedros?

______

______

______

c) Quais das figuras não são poliedros? Por quê?

______

______

d) Complete as frases usando os nomes das figuras apresentadas acima.

- O ______ é um corpo redondo e tem duas bases iguais em formato de círculo.
- O ______ tem duas bases paralelas, e suas faces laterais são retangulares.
- O ______ é um corpo redondo com uma base em formato de círculo e um vértice.
- Na planificação dessa ______ há 6 triângulos e 1 hexágono.
- A planificação do ______ é formada por um retângulo e dois círculos.

12. Escreva o nome dos sólidos geométricos correspondentes às planificações.

ILUSTRAÇÕES: MARIANA TIEMI

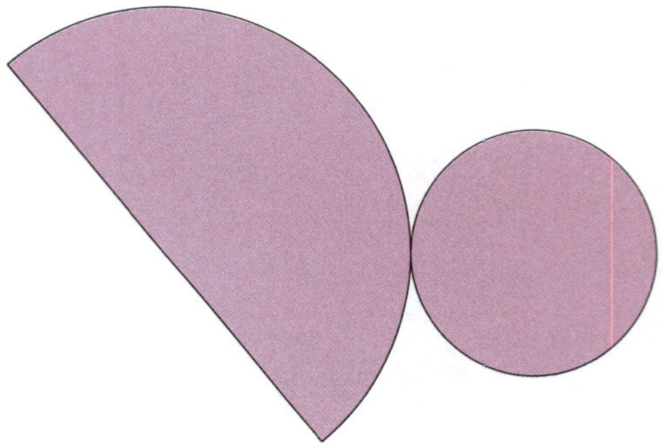

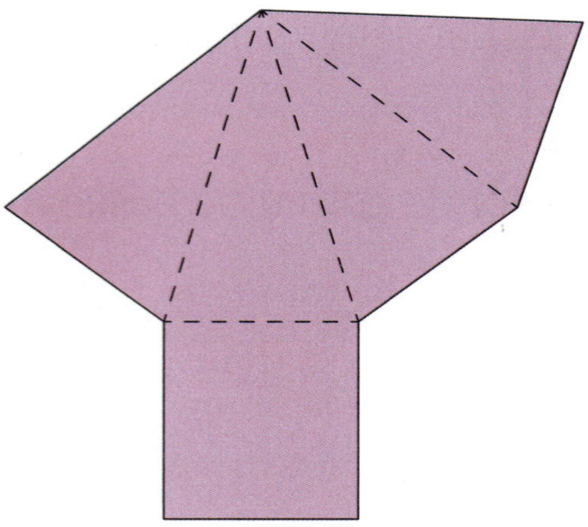

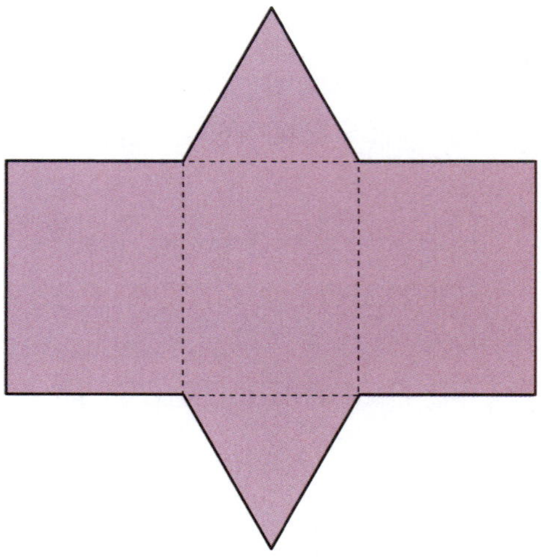

13. Assinale a opção que lista apenas poliedros.

- ☐ Cubo, cone e pirâmide de base quadrada.
- ☐ Cilindro, cubo e prisma de base triangular.
- ☐ Prisma de base quadrada, pirâmide de base pentagonal e cubo.
- ☐ Cone, cilindro e pirâmide de base triangular.

14. Em cada item, complete a frase corretamente.

a) As faces laterais de um prisma são sempre ____________________.

b) As faces laterais de uma pirâmide são sempre ____________________.

c) As bases de um cilindro ou cone sempre são ____________________.

DIÁRIO DE BORDO

Nessas atividades, você aprendeu que:

- lado, vértice e ângulo interno são elementos de polígonos;
- os polígonos recebem nomes de acordo com seu número de lados;
- os triângulos recebem nomes de acordo com seus lados e seus ângulos internos;
- face, aresta e vértice são elementos de poliedros;
- as faces de poliedros são polígonos;
- planificação é uma representação, no plano, de todas as faces de uma figura geométrica espacial.

SEQUÊNCIA 3 AMPLIAÇÃO E REDUÇÃO

VAMOS COMEÇAR!

Luana e Tiago estão fazendo bandeirinhas, reproduzindo uma figura em malhas quadriculadas. Veja o que cada um fez.

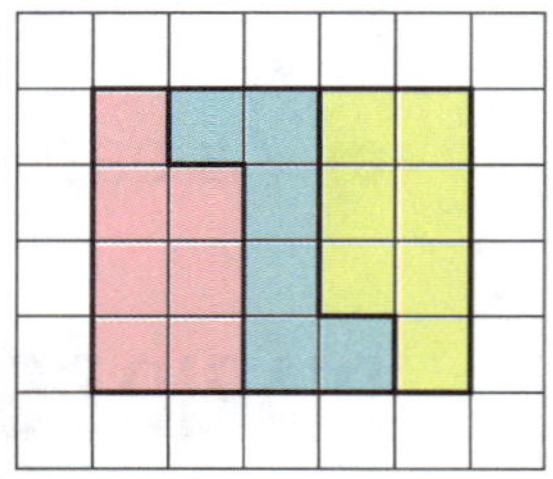

MARIANA TIEMI

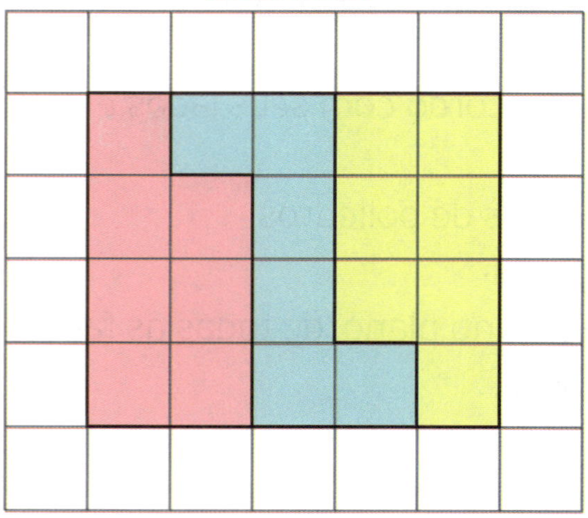

Figura de Luana.

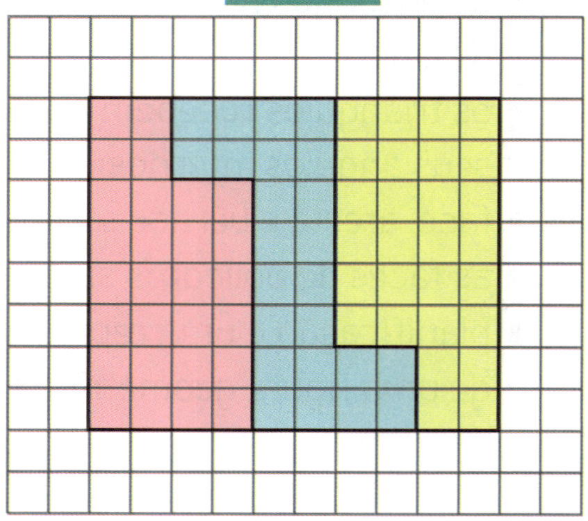

Figura de Tiago.

SHUTTERSTOCK/MARIANA TIEMI

a) As figuras que eles reproduziram são do mesmo tamanho, maiores ou menores do que a original?

b) Qual figura é maior, a de Luana ou a de Tiago? Se precisar, utilize uma régua para descobrir.

VAMOS ENTENDER!

1. Observe as figuras 1 e 2 a seguir.

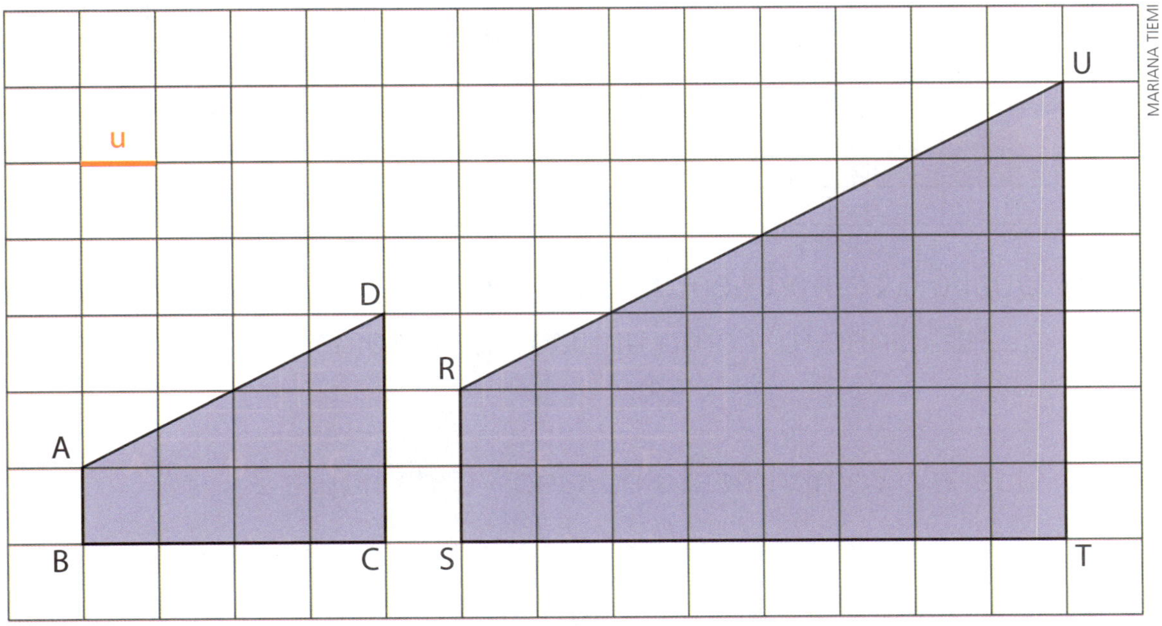

Figura 1 Figura 2

a) Qual é o comprimento do lado BC da figura 1? Utilize o lado do quadradinho como unidade de medida (u).

___

b) Qual é o comprimento do lado AB da figura 1?

___

c) Qual é o comprimento do lado ST da figura 2? E do lado RS?

___

___

d) Identifique um ângulo reto em cada uma das figuras com um **X**.

e) Para obter a ampliação identificada como figura 2, o comprimento de cada lado da figura 1 foi multiplicado por qual número?

___

2. Observe. A figura 2 representa uma redução da figura 1.

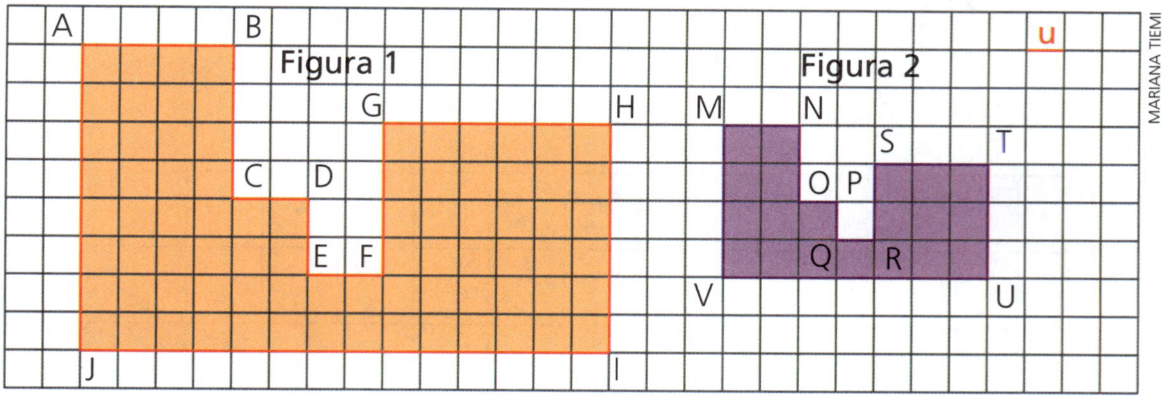

a) Qual é o comprimento do lado JI da figura 1? Utilize o lado do quadradinho (u) como unidade de medida.

____

b) Qual é o comprimento do lado VU da figura 2?

____

c) Para desenhar a figura 2, por qual número o comprimento de cada lado da figura 1 foi dividido?

____

3. Desenhe na malha uma figura que represente a ampliação em 3 vezes da figura M.

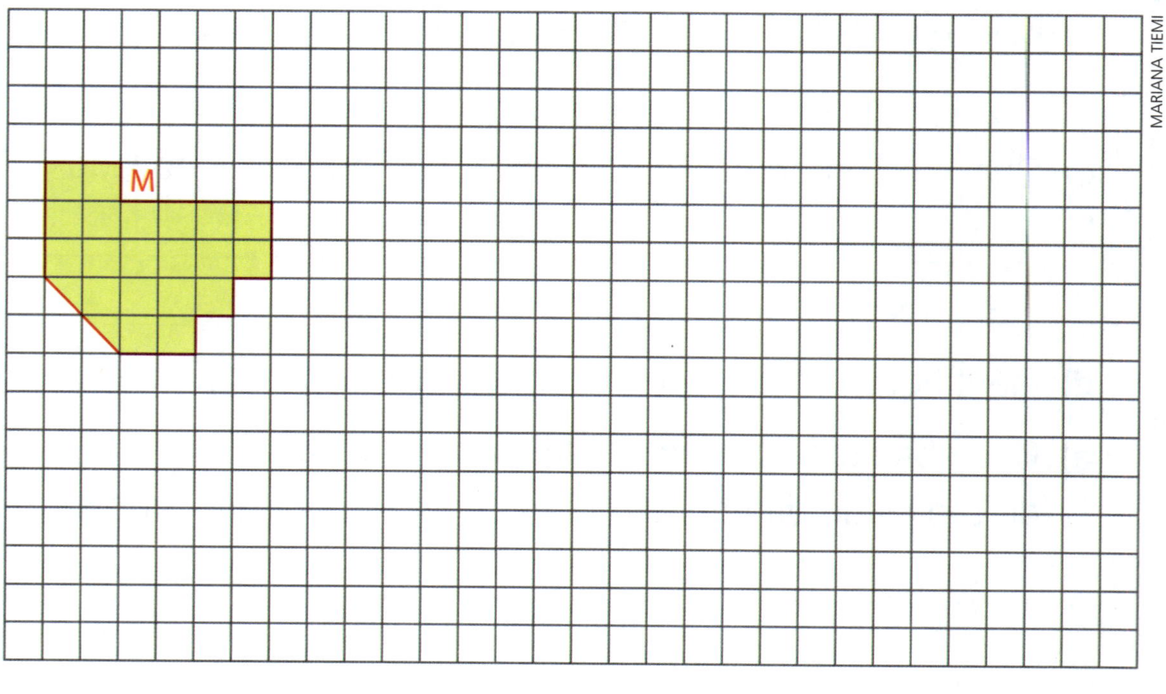

4. Desenhe na malha uma figura que represente a redução pela metade do barquinho a seguir.

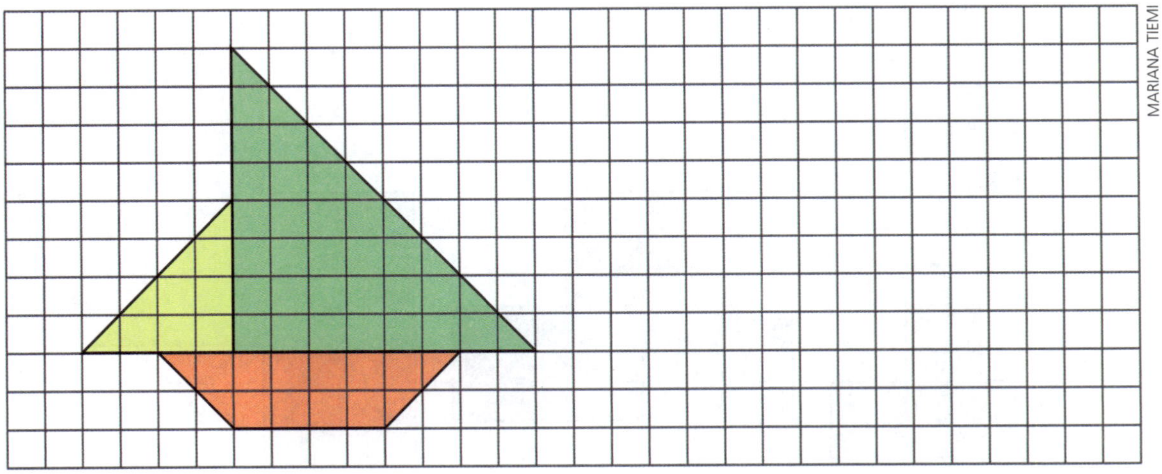

5. Observe as figuras e assinale as afirmações corretas.

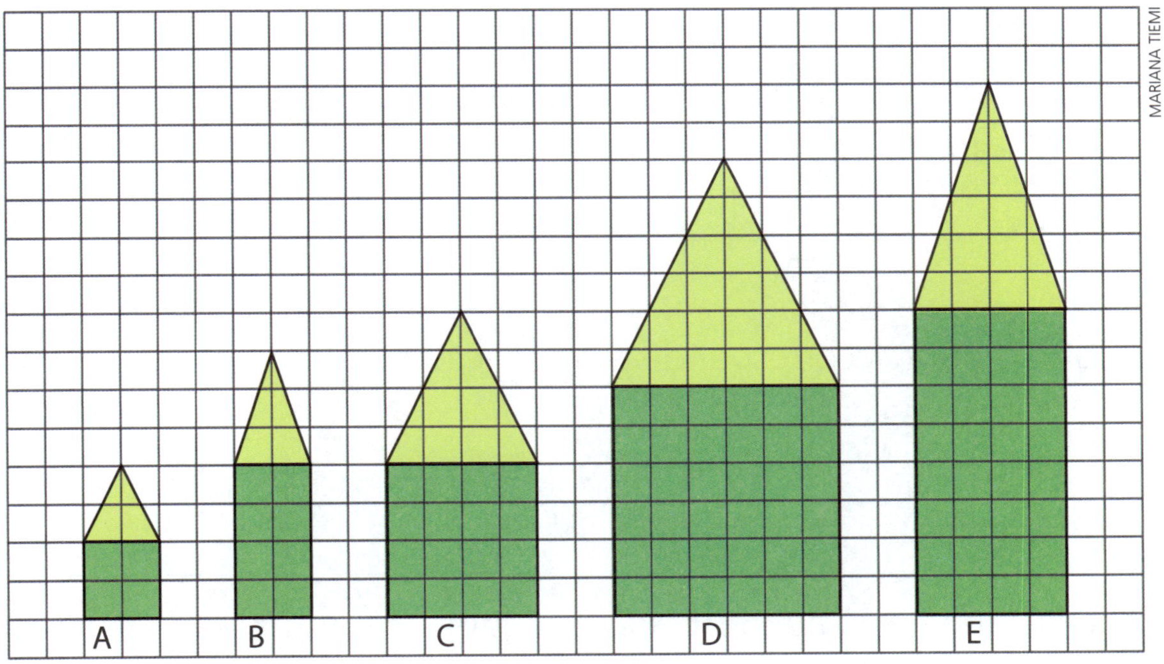

- [ ] A figura B corresponde à figura A ampliada 2 vezes.
- [ ] A figura C corresponde à figura A ampliada 2 vezes.
- [ ] A figura A corresponde a uma redução da figura D em 3 vezes.
- [ ] A figura A corresponde a uma redução pela metade da figura E.
- [ ] A figura B corresponde a uma redução pela metade da figura E.

6. Observe as figuras no quadriculado e responda aos itens a seguir.

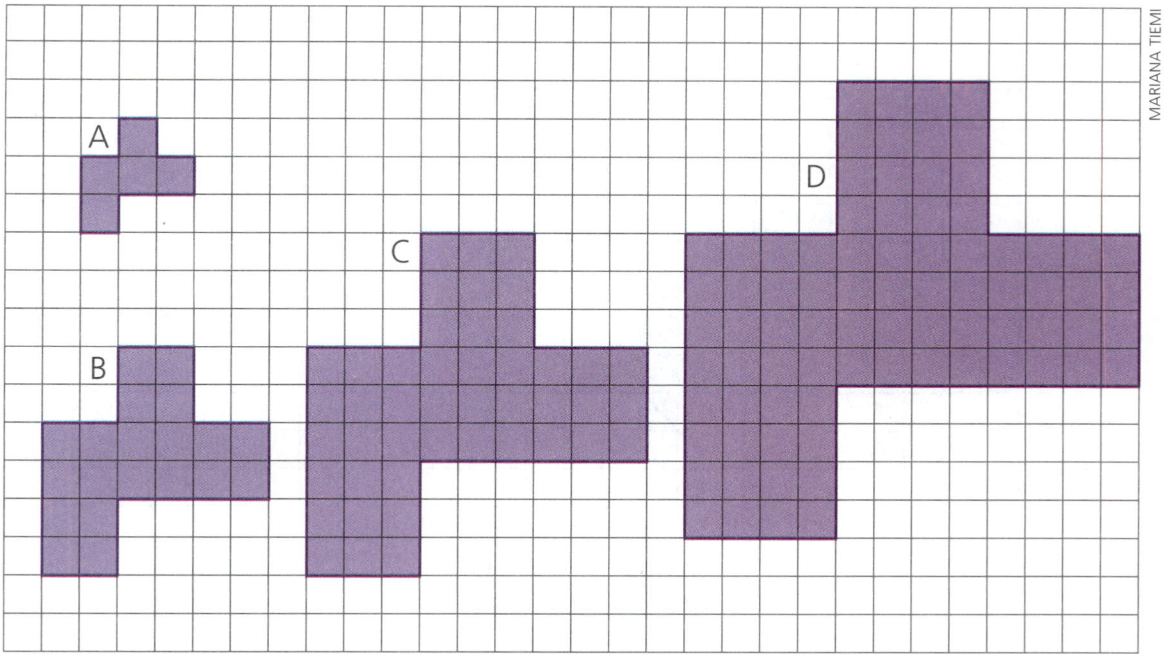

a) A figura B corresponde à ampliação ou à redução da figura A? Quantas vezes?

____

____

b) A figura A corresponde à ampliação ou à redução da figura C? Quantas vezes?

____

____

c) Compare as figuras B e D. A figura D representa uma ampliação da figura B em quantas vezes?

____

____

d) Compare as figuras A e D. A figura A representa uma redução da figura D? Em quantas vezes?

____

____

7. Desenhe uma ampliação da figura a seguir em 3 vezes.

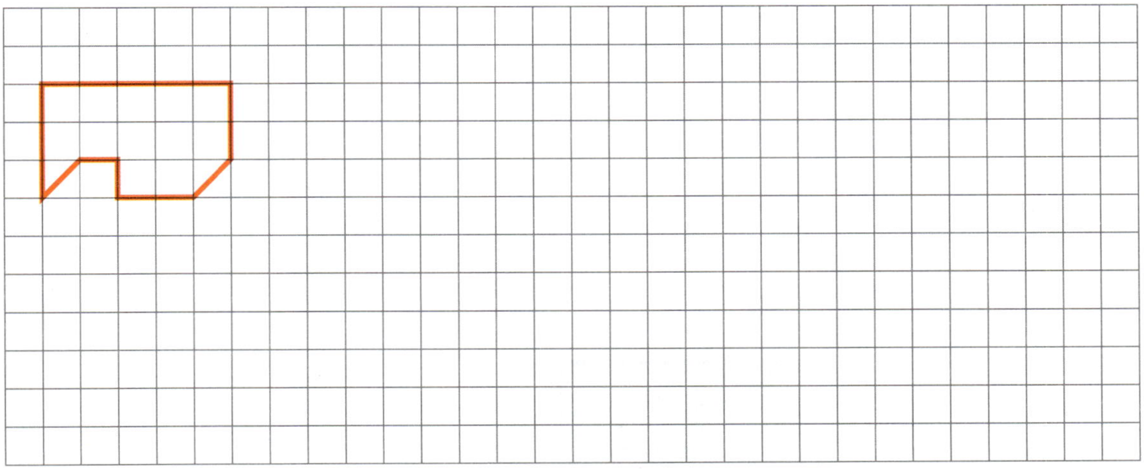

MARIANA TIEMI

a) Indique os ângulos retos com um **X** na figura original e na ampliação que você desenhou.

b) A figura ampliada tem os mesmos ângulos retos que a figura original?

____

____

8. Desenhe uma redução deste polígono em 3 vezes.

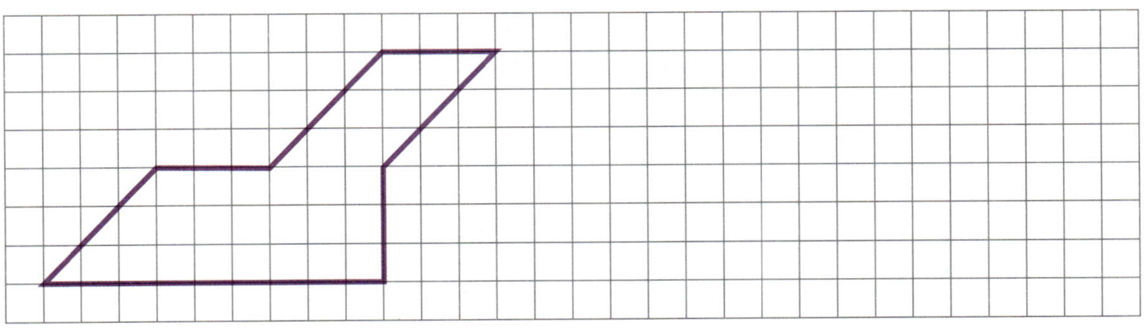

MARIANA TIEMI

a) Indique no polígono e na redução que você desenhou os ângulos menores do que o ângulo reto.

b) O que é possível afirmar em relação a esses ângulos no polígono original e na redução que você desenhou?

____

____

9. Observe os quadrados abaixo. Descubra o valor que multiplica cada lado e faça o próximo desenho da sequência.

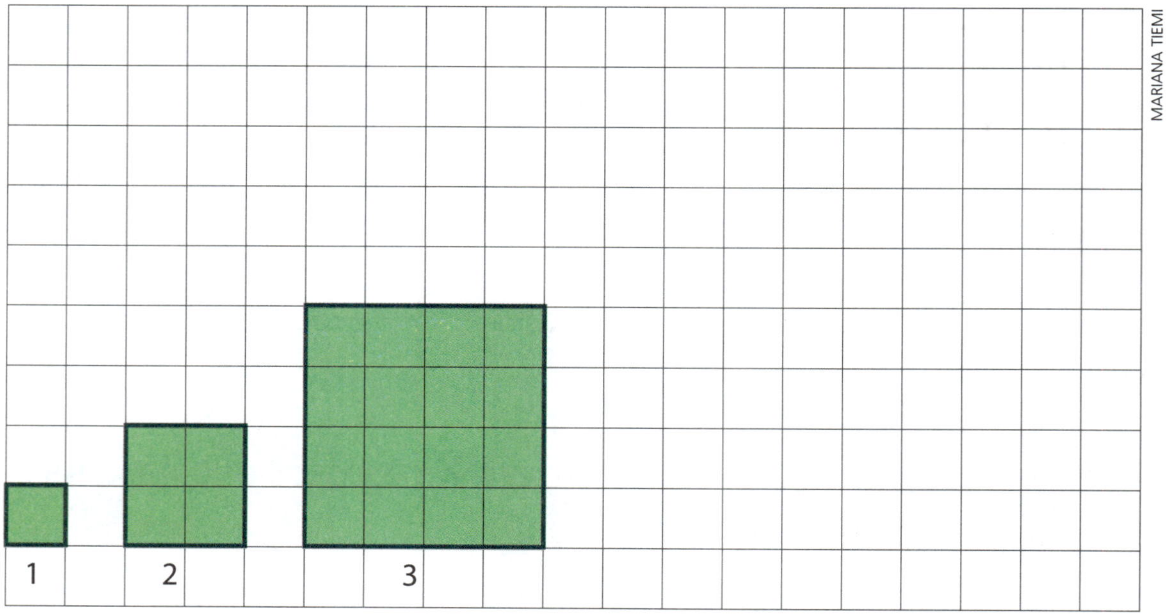

O desenho número 5 não caberia nesse espaço. Qual seria a medida de cada lado do quadrado número 5? Considere que cada lado do quadradinho mede 1 U.

____

10. Construa duas reduções da figura a seguir, dividindo, a cada vez, o lado da figura anterior pela metade.

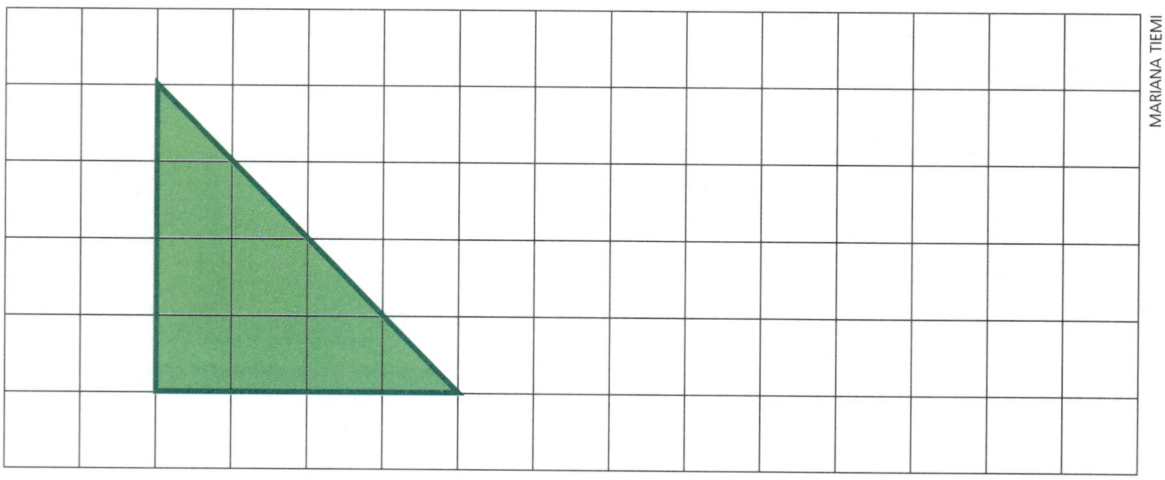

11. Observe as figuras no quadriculado.

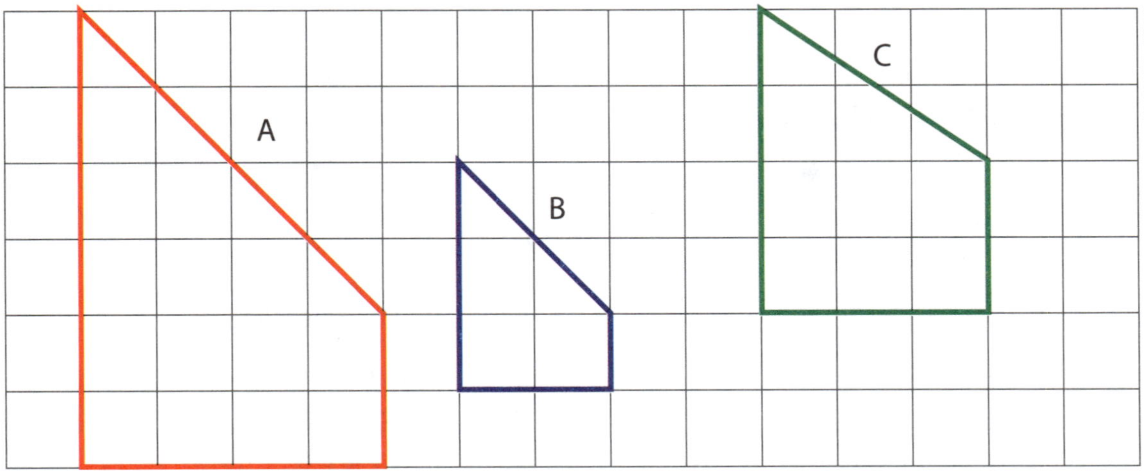

a) Qual das figuras é uma redução da figura A?

____

b) Na figura que não é redução de A, faça um **X** nos ângulos que são diferentes da figura A.

12. Desenhe uma redução da figura a seguir.

a) No desenho que você fez, de quanto foi a redução?

____

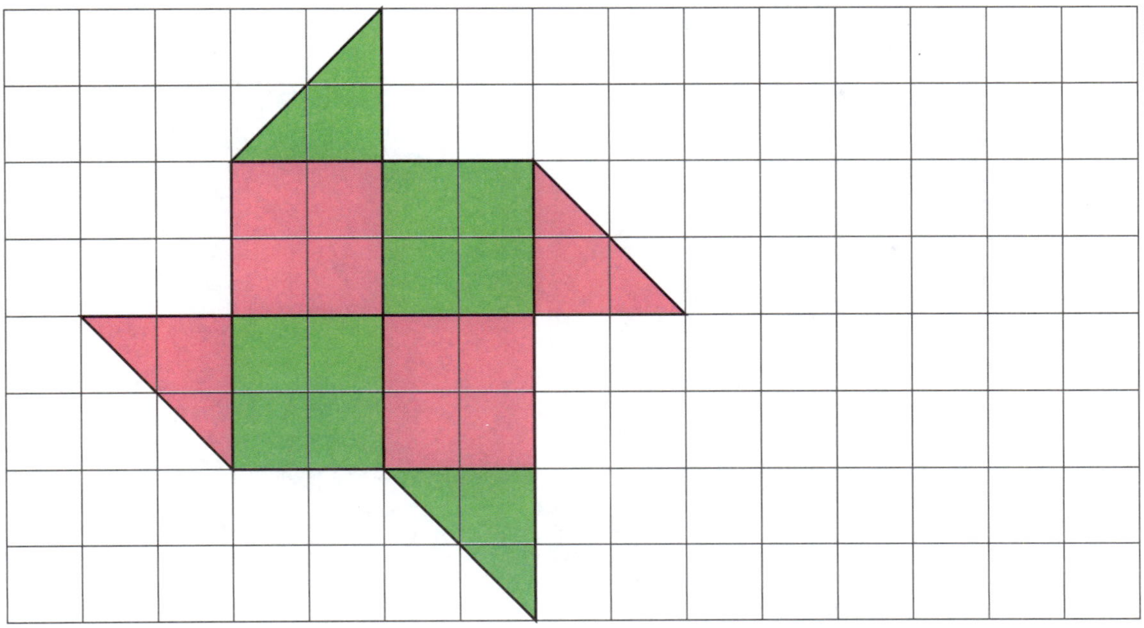

b) Cada linha da figura foi dividida por qual número?

____

DIÁRIO DE BORDO

Nessas atividades, você aprendeu que:

- em ampliações e reduções de figuras, os ângulos permanecem iguais;
- para ampliar uma figura, é preciso multiplicar o comprimento de todos os lados por um mesmo número;
- para reduzir uma figura, é preciso dividir o comprimento de todos os lados por um mesmo número.

SEQUÊNCIA 4

NÚMEROS NATURAIS

VAMOS COMEÇAR!

Veja no quadro a lista com os maiores estados do Brasil e suas áreas.

A área do estado da Bahia é de 564 760 429 km². Como se lê esse número?

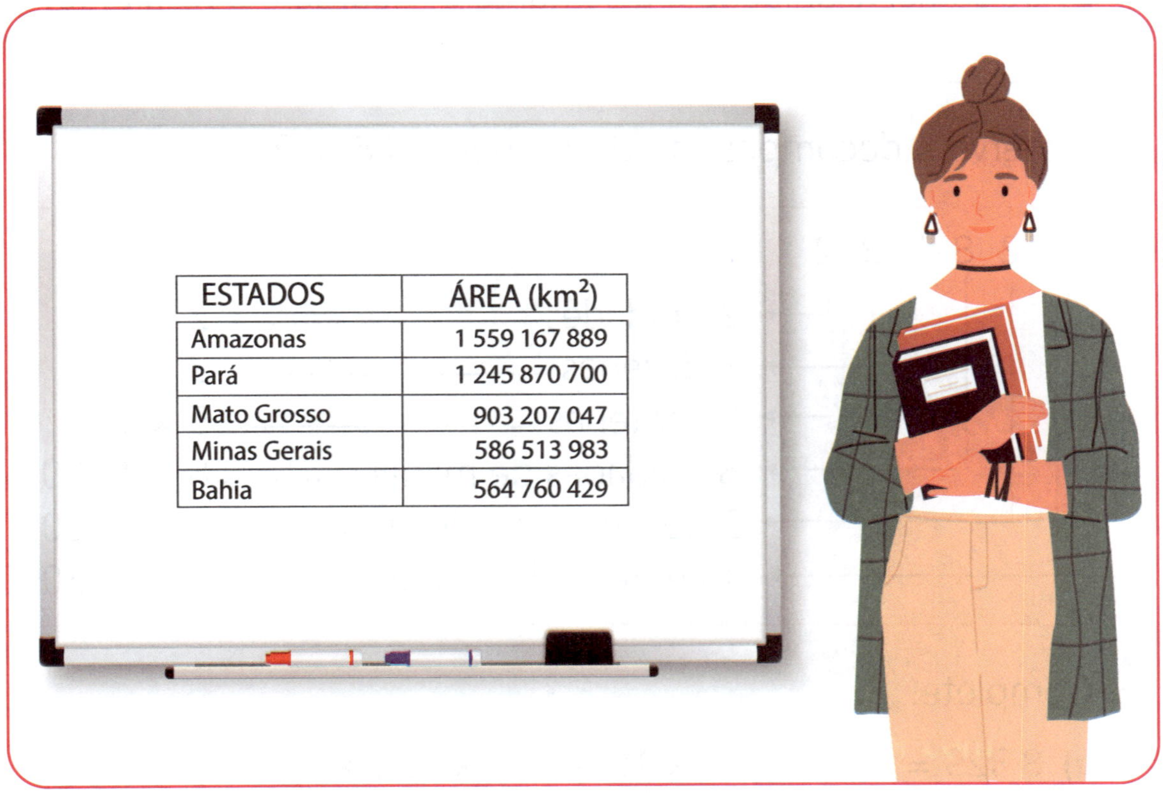

ESTADOS	ÁREA (km^2)
Amazonas	1 559 167 889
Pará	1 245 870 700
Mato Grosso	903 207 047
Minas Gerais	586 513 983
Bahia	564 760 429

SHUTTERSTOCK/MARIANA TIEMI

Faça a leitura em voz alta de cada um dos números dessa tabela.

VAMOS ENTENDER! !!!

1. Em um campeonato, 16 385 atletas foram inscritos.

a) Vamos representar esse número no quadro de ordens.

CM	DM	UM	C	D	U
	1	6	3	8	5

b) Escreva esse número por extenso.

____

2. Observe o número representado no quadro de ordens.

CM	DM	UM	C	D	U
4	1	3	7	2	9

a) Como se lê esse número?

____

b) Se somar 1 unidade a esse número, qual será o resultado?

____

3. Observe a decomposição do número 128 532.

1 2 8 5 3 2

- 2 → 2 unidades → 2
- 3 → 3 dezenas → 3×10
- 5 → 5 centenas → 5×100
- 8 → 8 unidades de milhar → $8 \times 1\,000$
- 2 → 2 dezenas de milhar → $2 \times 10\,000$
- 1 → 1 centena de milhar → $1 \times 100\,000$

Complete.

a) 8 329 = ____ + ____ × 10 + ____ × 100 + ____ × 1 000

b) 1 592 = ____ + ____ × 10 + ____ × 100 + ____ × 1 000

c) 128 500 = ____ + ____ × 1 000 + ____ × 10 000 + ____ × 100 000

d) 35 287 = ____ + ____ + ____ × 100 + ____ × 1 000 + ____ × 10 000

4. Complete com o número que foi decomposto em cada caso.

a) $3 \times 1\,000 + 5 \times 100 + 2 \times 10 + 8 \times 1 =$ ______

b) $9 \times 10\,000 + 5 \times 1\,000 + 2 \times 10 + 2 \times 1 =$ ______

c) $4 \times 100\,000 + 4 \times 10\,000 + 3 \times 1\,000 + 7 \times 10 =$ ______

d) $7 \times 100\,000 + 5 \times 1\,000 + 8 \times 100 + 3 \times 10 + 9 \times 1 =$ ______

e) $9 \times 100\,000 + 1 \times 1\,000 + 3 \times 100 + 5 \times 10 + 9 \times 1 =$ ______

5. Componha os números a seguir.

a) 4 unidades de milhar + 1 centena + 8 dezenas = ______

b) 5 unidades de milhar + 4 dezenas + 5 unidades = ______

c) 3 UM + 5 C + 1 U = ______

d) 2 CM + 4 UM + 6 C + 2 D + 5 U = ______

e) 6 DM + 7 UM + 4 U = ______

6. Observe o número 653 047 e complete.

a) O algarismo ______ ocupa a ordem das unidades de milhar.

b) O algarismo ______ ocupa a ordem das dezenas.

c) O algarismo 5 ocupa a ordem das ______.

d) O algarismo 0 ocupa a ordem das ______.

e) Esse número tem ______ ordens e ______ classes.

7. Compare os números a seguir completando com < (menor do que) ou > (maior do que).

a) 359 ______ 953

b) 6 251 ______ 1 526

c) 45 678 ______ 87 654

d) 257 369 ______ 963 752

e) 975 321 ______ 321 975

f) 606 770 ______ 660 770

8. Observe as fichas com os algarismos.

0	1	4	5	6	7

a) Escreva um número com 4 algarismos distintos. O valor posicional do algarismo 5 deve ser 5 000.

____

b) Escreva um número par com 6 algarismos distintos. O valor posicional do algarismo 6 deve ser 600.

____

9. Escreva por extenso os números abaixo.

a) 3 452: _______________.

b) 95 385: _______________.

c) 100 046: _______________.

10. Escreva em algarismos os números a seguir:

a) Trezentos e oito mil, seiscentos e nove: _______________

b) Dez mil e setenta: _______________

c) Noventa e seis mil, cento e cinco: _______________

DIÁRIO DE BORDO

Nessas atividades, você aprendeu que:

- um algarismo pode representar diferentes valores de acordo com a ordem que ocupa em um número;
- para comparar números, é preciso considerar o valor posicional de todos os seus algarismos.

SEQUÊNCIA 5 FRAÇÕES

VAMOS COMEÇAR!

Pedro partiu a torta de morango em 8 pedaços iguais e comeu dois pedaços.

SHUTTERSTOCK

a) Qual foi a parte da torta que Pedro comeu?

b) Que parte da torta sobrou?

c) Se Pedro tivesse partido a torta em 4 partes iguais e comido uma delas, ele teria comido mais ou menos torta?

VAMOS ENTENDER!

Observe como os elementos de uma fração são chamados.

$\frac{2}{5}$ ← numerador / ← denominador

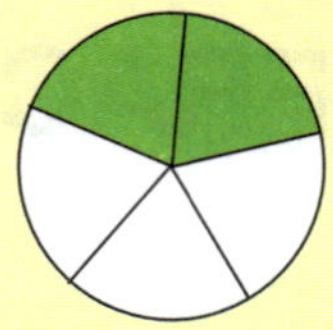

- O **denominador** indica a quantidade de partes em que o inteiro é dividido.
- O **numerador** indica a quantidade de partes consideradas.

1. Em cada item, escreva a fração correspondente à parte destacada.

a)

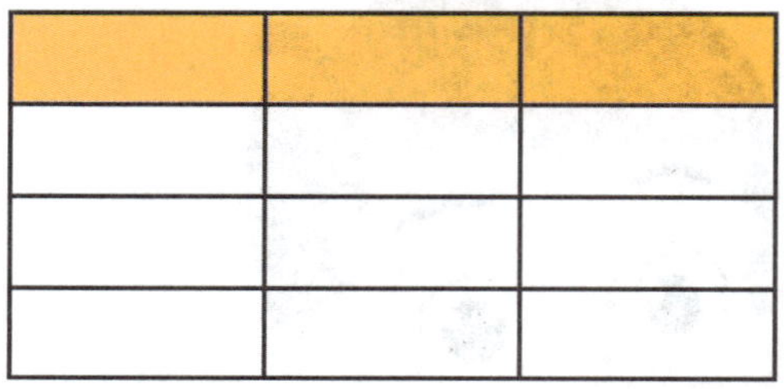

b)

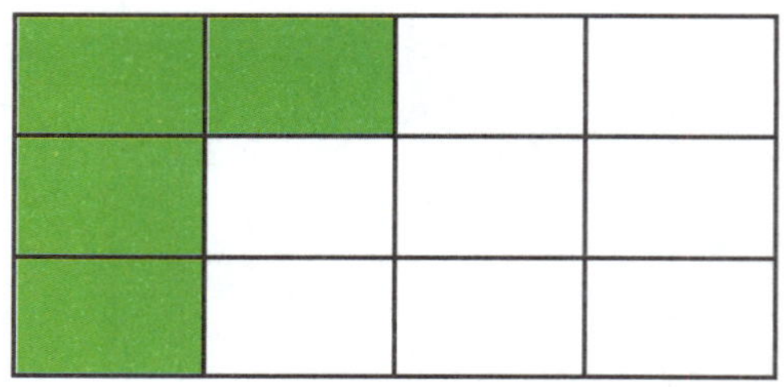

c)

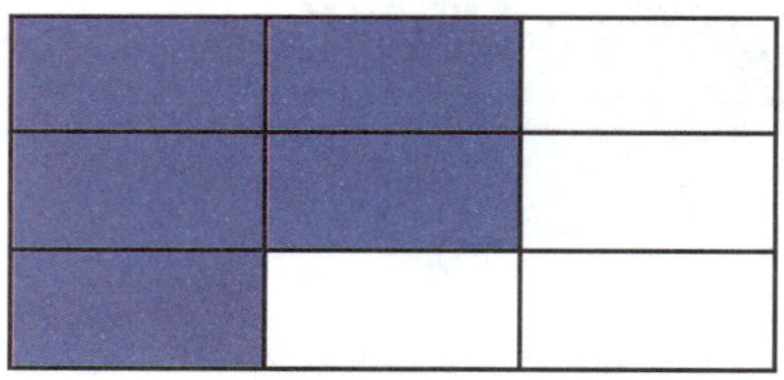

d)

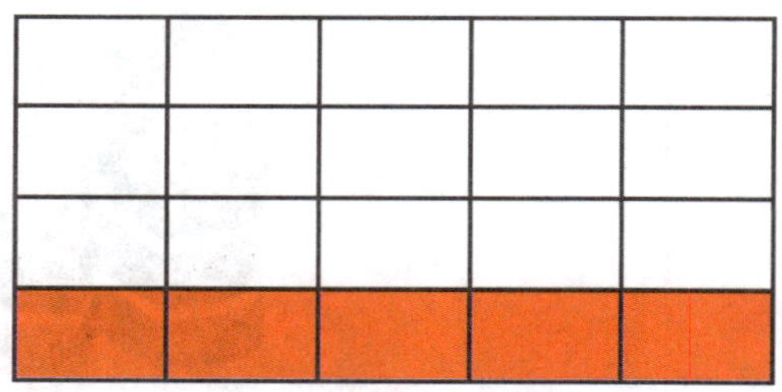

e)

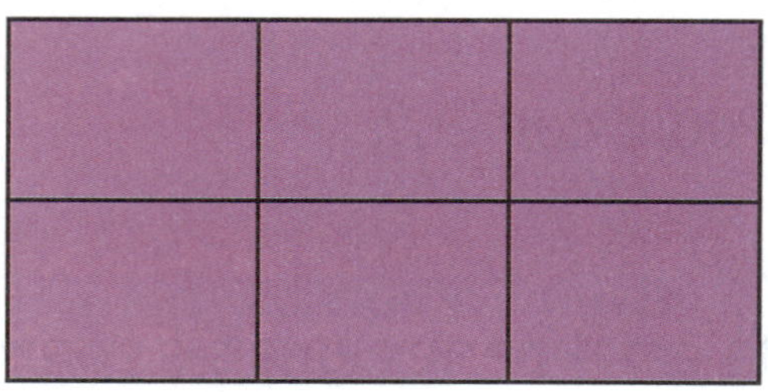

f)

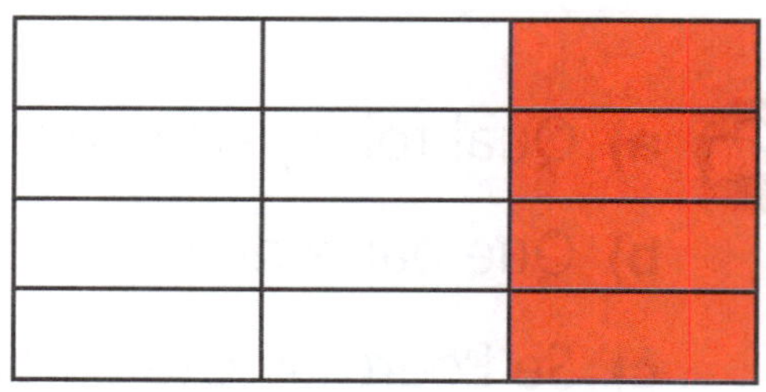

2. Pinte para representar as frações.

a) $\frac{3}{6}$

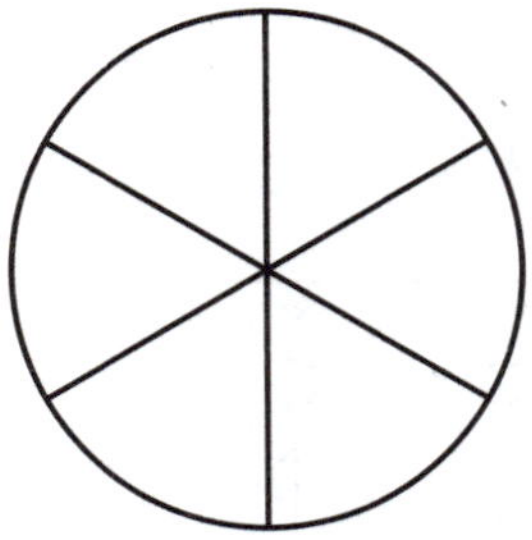

b) $\frac{4}{15}$

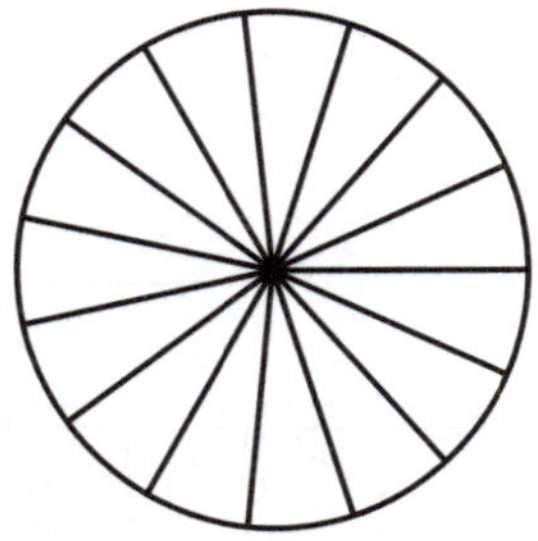

c) $\frac{7}{10}$

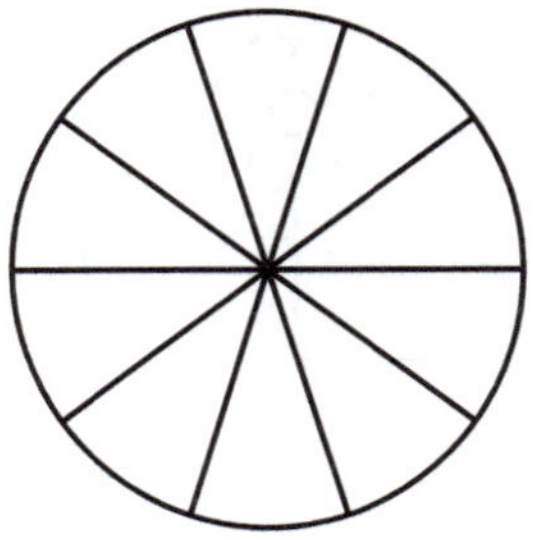

d) $\frac{1}{9}$

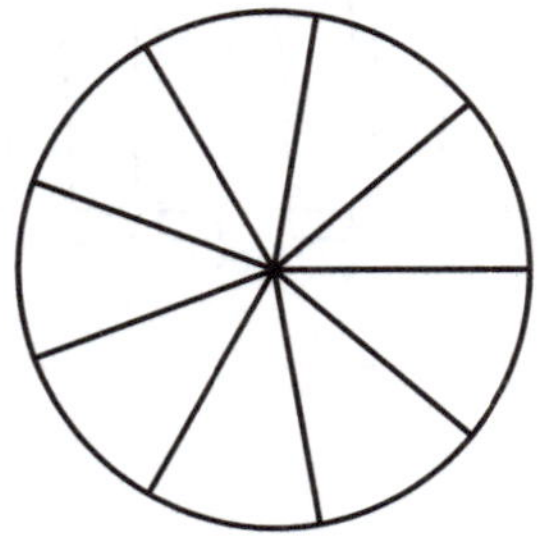

e) $\frac{3}{9}$

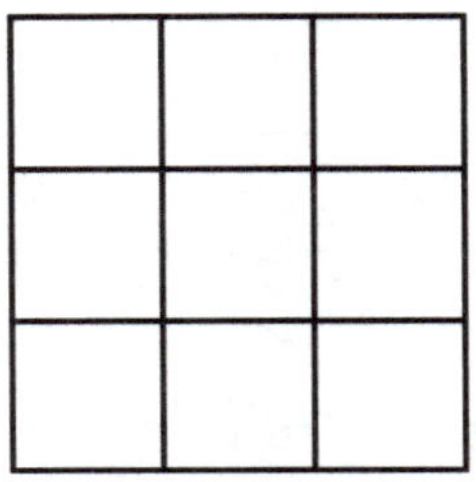

f) $\frac{3}{6}$

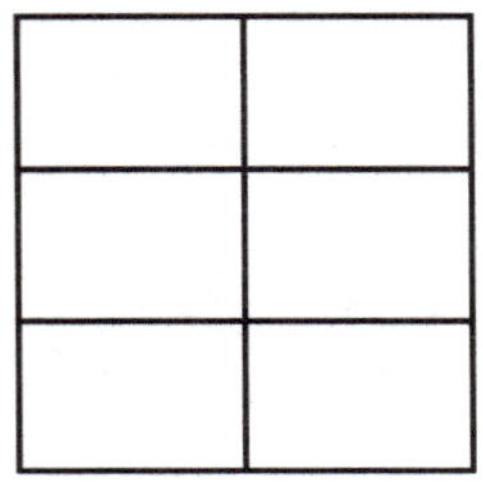

3. Felipe ganhou um jogo da memória com 20 peças, mas perdeu 3 delas.

a) Quantas peças o jogo tem ao todo? ______________________

b) Quantas peças Felipe perdeu? __________________________

c) Que parte do todo de peças Felipe perdeu? Escreva na forma de fração. ________________________________

4. Pinte a parte de cada conjunto representada pelas frações.

a) $\frac{1}{5}$

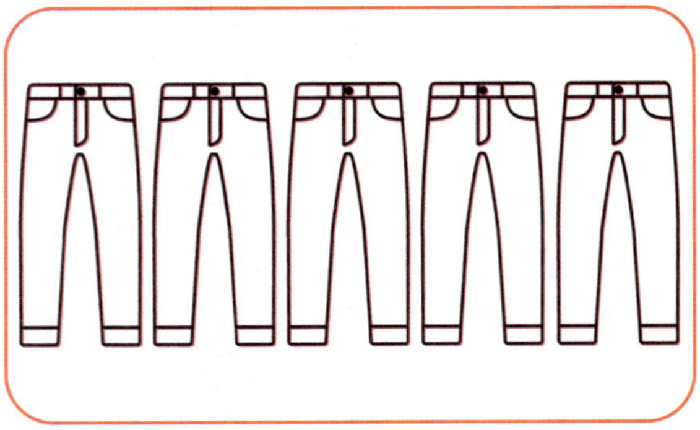

b) $\frac{4}{10}$

ILUSTRAÇÕES: SHUTTERSTOCK/
EDITORIA DE ARTE

c) $\frac{4}{8}$

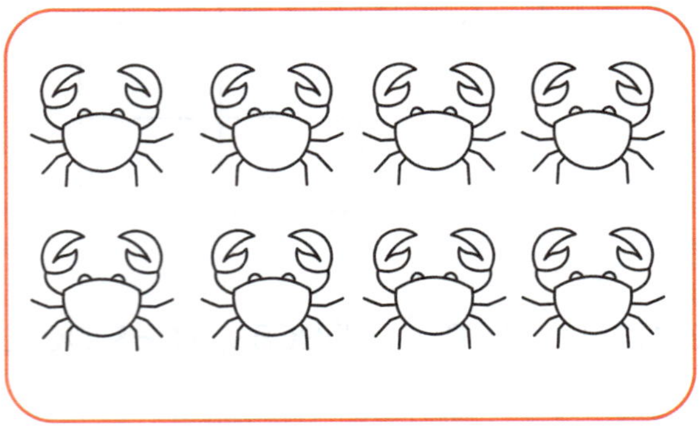

d) $\frac{5}{15}$

5. Para uma semana, responda:

a) Quantos dias tem uma semana? ____________________

b) A que parte da semana correspondem 2 dias? Escreva em forma de fração. ____________

c) A que parte da semana correspondem os dias da semana em que você vai à escola? Escreva em forma de fração. ____________

6. Para um dia, responda:

a) Quantas horas tem um dia? ____________

b) A que parte do dia correspondem 5 horas? Escreva em forma de fração. ________

7. Marina sempre passa $\frac{1}{3}$ do dia dormindo. Quantas horas Marina dorme por dia?

____

____

8. Observe a figura.

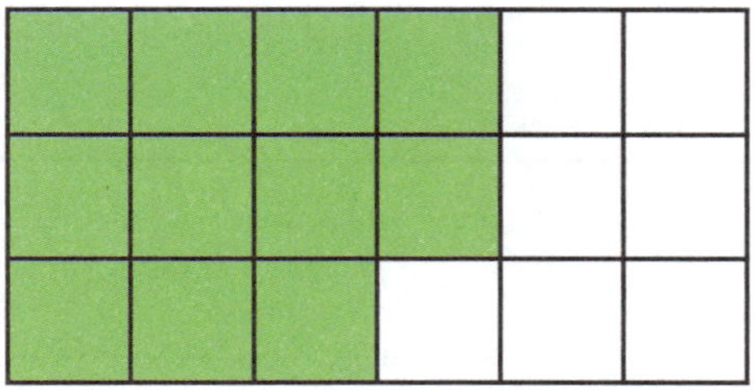

a) Em quantas partes foi dividida a figura? ________

b) Quantas partes foram pintadas? ________

c) Qual é a fração que representa a parte pintada na figura? ________

d) Qual é o numerador dessa fração? ________

e) Qual é o denominador dessa fração? ________

f) Escreva por extenso a fração que representa a parte pintada na figura. ______________________

9. Observe as figuras e complete.

a) 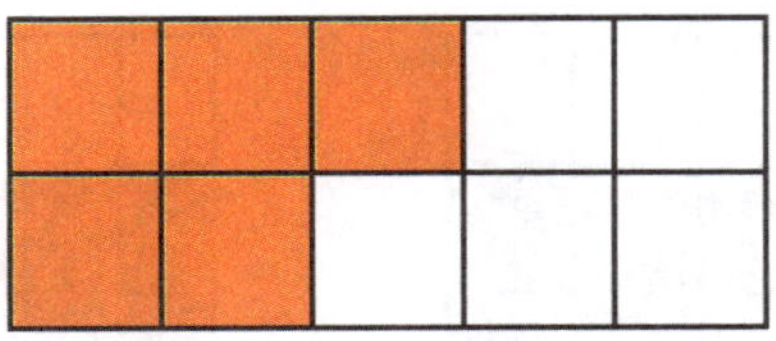

Fração que representa a parte pintada: ________

b) 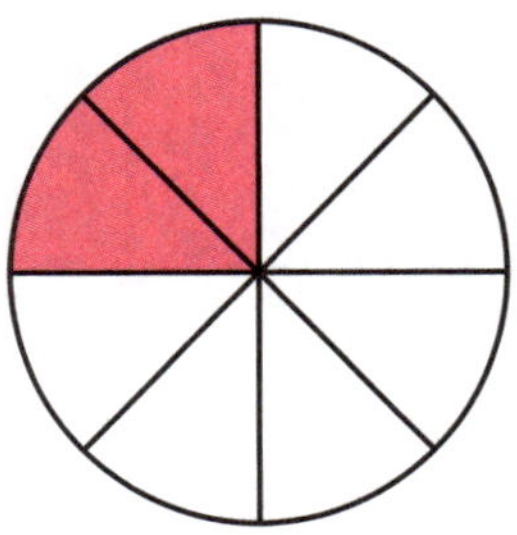

Fração que representa a parte pintada: ________

10. Escreva como se lê as frações a seguir.

a) $\frac{4}{10}$: ______________________________.

b) $\frac{9}{15}$: ______________________________.

c) $\frac{1}{2}$: ______________________________.

d) $\frac{19}{100}$: ______________________________.

e) $\frac{25}{40}$: ______________________________.

Quando duas frações diferentes correspondem à mesma parte do todo, elas são chamadas **frações equivalentes**.

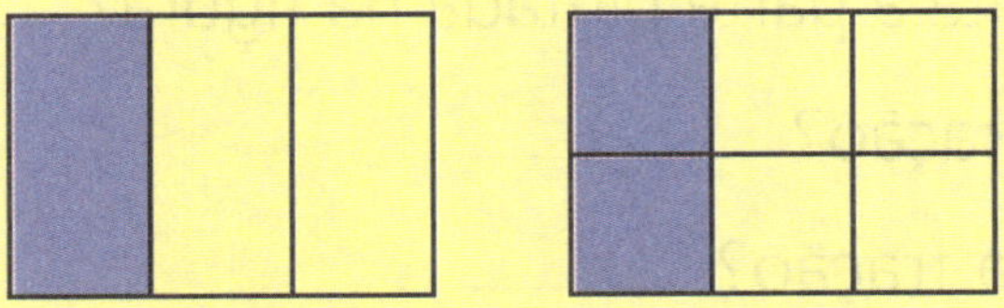

$\frac{1}{3}$ e $\frac{2}{6}$ são frações equivalentes.

11. Estas 4 figuras têm o mesmo tamanho. Escreva a fração correspondente à parte pintada em cada uma delas.

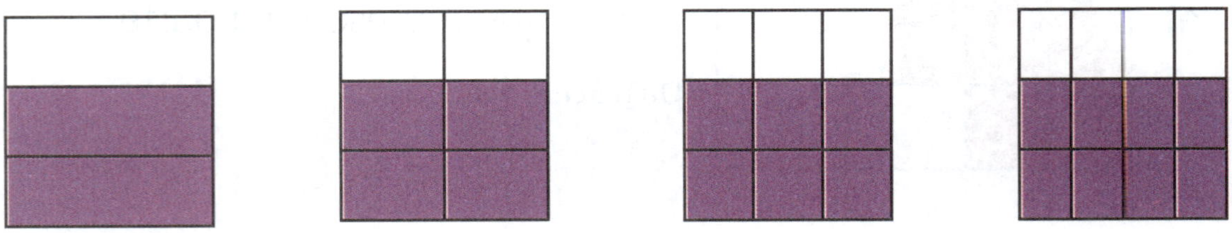

12. Karina e Jonas adoram frutas. Karina dividiu uma maçã em 2 partes iguais e comeu uma delas. Jonas dividiu outra maçã em 4 partes iguais, comeu 2 partes e disse que comeu a mesma quantidade que Karina.

SHUTTERSTOCK/MARIANA TIEMI

a) Escreva a fração que corresponde à parte de maçã que cada criança comeu.

Karina: ______ Jonas: ______

b) Essas frações correspondem à mesma quantidade de maçã?

____

____

c) Jonas está correto quando diz que comeu a mesma quantidade de maçã que Karina?

____

____

13. Assinale os pares de frações que são equivalentes.

☐ $\frac{4}{5}$ e $\frac{4}{10}$ ☐ $\frac{1}{2}$ e $\frac{10}{20}$ ☐ $\frac{3}{8}$ e $\frac{6}{16}$

14. Escreva as frações correspondentes em cada figura.

a)

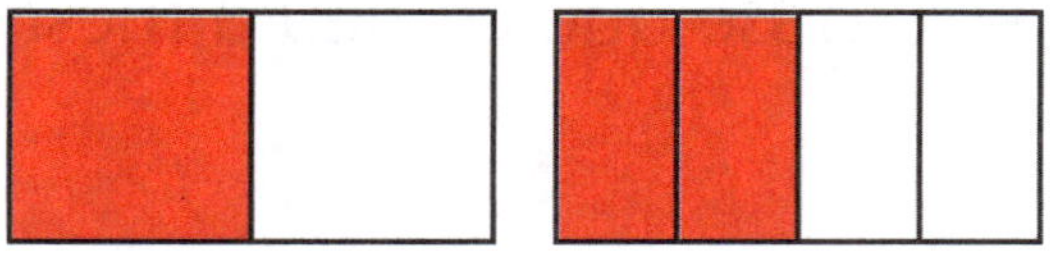

b)

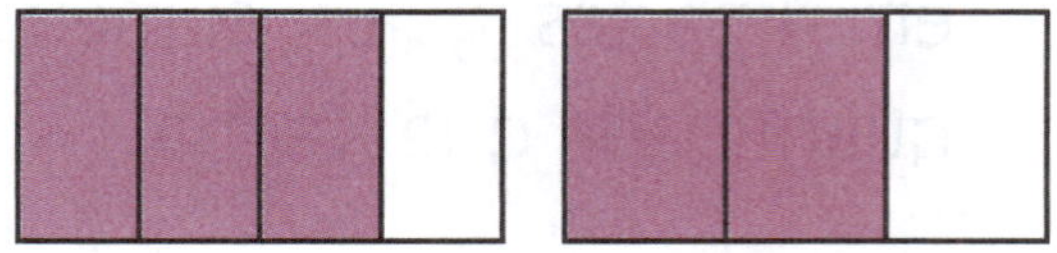

c)

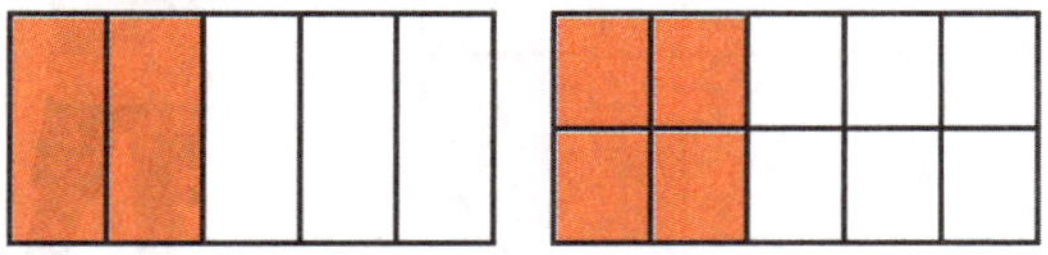

d)

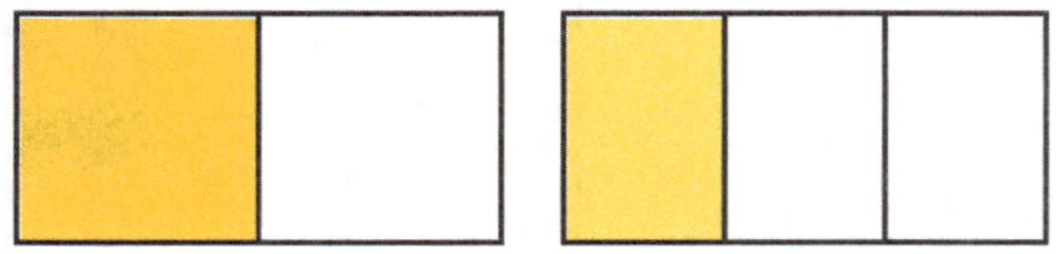

e)

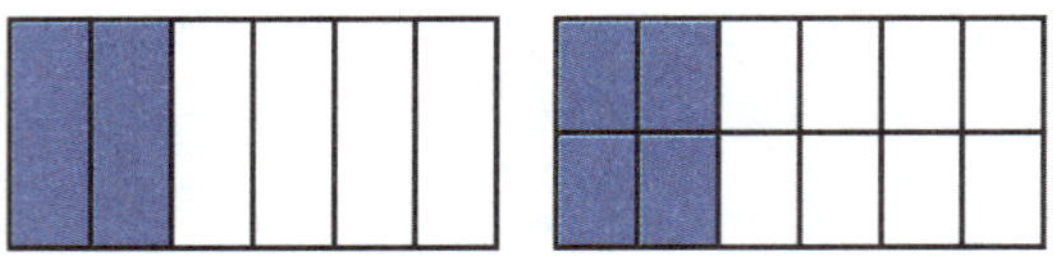

f)

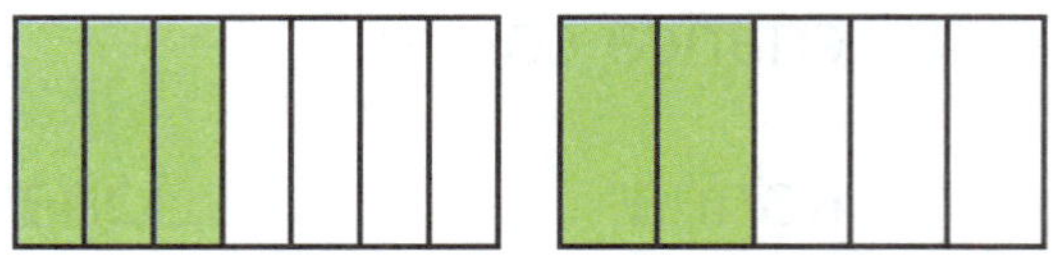

- Em que itens há frações equivalentes? ______________________

Para obter uma **fração equivalente**, pode-se multiplicar o numerador e o denominador pelo mesmo número. Observe.

$$\frac{1}{3} \overset{\times 3}{=} \frac{3}{9} \quad (\times 3)$$

15. Observe a igualdade.

$$\frac{3}{5} = \frac{\blacktriangle}{40}$$

Para descobrir quanto vale ▲, veja o que Helena fez:

$$\frac{3}{5} \overset{\times 8}{=} \frac{\blacktriangle}{40}$$

(numerador: 3 × 8 = ▲; denominador: 5 × 8 = 40)

5 × 8 = 40.
Então, 3 × 8 = ▲!!
▲ = 24.

Agora, encontre o valor de ▲ em cada par de frações equivalentes.

a) $\frac{4}{25} = \frac{\blacktriangle}{75}$

b) $\frac{\blacktriangle}{10} = \frac{70}{100}$

16. Escreva uma fração equivalente a:

a) $\frac{4}{5}$, com numerador 20.

b) $\frac{2}{14}$, com denominador 7.

c) $\frac{2}{3}$, com denominador 30.

d) $\frac{6}{20}$, com numerador 3.

17. Complete de modo a obter frações equivalentes como neste exemplo.

$$\frac{1}{2} \overset{\times 3}{=} \frac{3}{6} \overset{\times 4}{=} \frac{12}{24}$$

a) $\frac{2}{7} = \frac{\square}{21} = \frac{\square}{42}$

b) $\frac{\square}{4} = \frac{9}{12} = \frac{\square}{48}$

c) $\frac{3}{\square} = \frac{9}{15} = \frac{\square}{45}$

18. Escreva duas frações equivalentes a cada uma das frações a seguir.

a) $\frac{1}{4} = \frac{\square}{\square} = \frac{\square}{\square}$

b) $\frac{2}{5} = \frac{\square}{\square} = \frac{\square}{\square}$

c) $\frac{6}{10} = \frac{\square}{\square} = \frac{\square}{\square}$

d) $\frac{3}{7} = \frac{\square}{\square} = \frac{\square}{\square}$

19. Verifique se as frações a seguir são equivalentes.

a) $\frac{4}{10}$ e $\frac{6}{15}$

b) $\frac{6}{14}$ e $\frac{9}{21}$

20. Observe ao lado a representação da fração $\frac{5}{5}$.

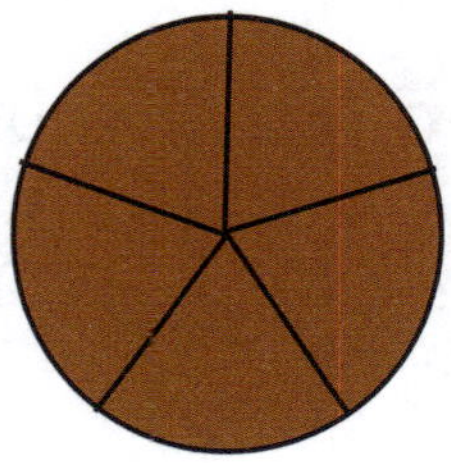

Escreva a fração representada em cada item.

a)

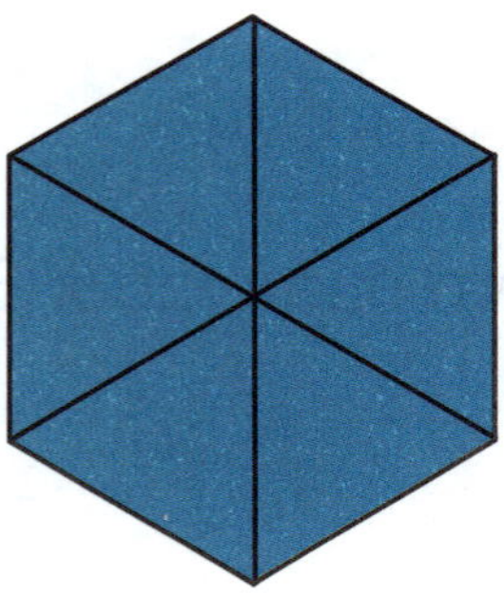

$\frac{\square}{\square}$

b)

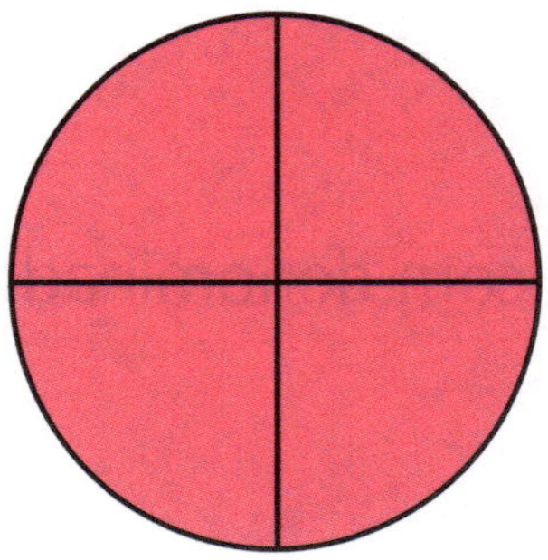

$\frac{\square}{\square}$

Quando o numerador e o denominador de uma fração são iguais, ela representa 1.

$$\frac{2}{2} = \frac{3}{3} = 1$$

21. Em cada item, indique as frações na reta numérica considerando a divisão de 0 a 1 em partes iguais.

a) Observe a indicação de $\frac{1}{2}$ e represente a fração $\frac{1}{4}$ nessa reta numérica.

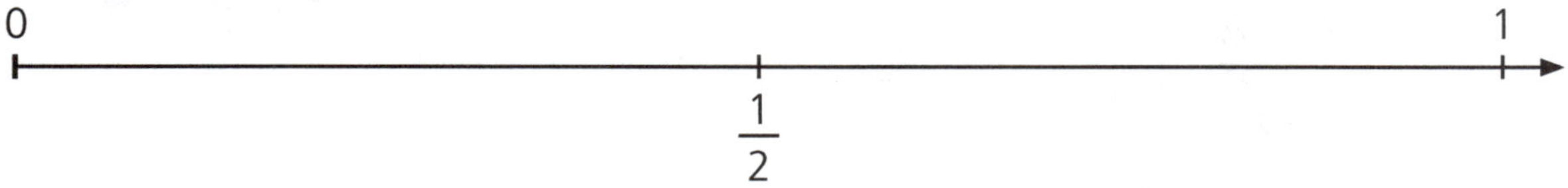

b) Indique as frações $\frac{1}{5}$ e $\frac{1}{10}$ nessa reta numérica.

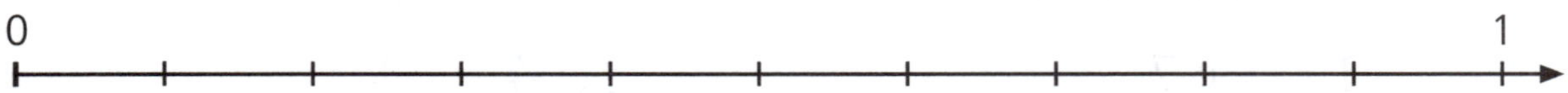

22. Identifique cada um dos pontos indicados na reta numérica. Dê as respostas em denominador 10.

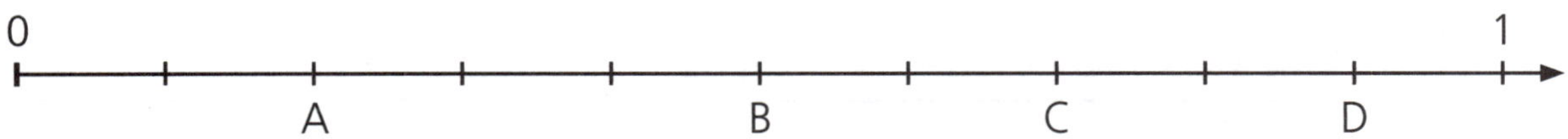

A: ______ C: ______

B: ______ D: ______

23. Para comparar frações, Elza procura frações equivalentes com o mesmo denominador. Observe.

Para comparar $\frac{1}{4}$ e $\frac{1}{8}$, procura-se uma fração equivalente a $\frac{1}{4}$ com denominador 8.

$$\frac{1}{4} \xrightarrow{\times 2} \frac{2}{8}$$

$$\frac{1}{4} = \frac{2}{8}$$

(numerador × 2, denominador × 2)

Como $\frac{2}{4}$ é maior do que $\frac{1}{8}$, pode-se afirmar que $\frac{1}{4} > \frac{1}{8}$.

SHUTTERSTOCK

Compare as frações a seguir usando os sinais > (maior do que) e < (menor do que).

a) $\frac{3}{5}$ ☐ $\frac{7}{10}$

b) $\frac{4}{5}$ ☐ $\frac{1}{10}$

Quando o numerador é maior do que o denominador, a fração corresponde a números maiores do que 1. Essa fração é chamada de **fração imprópria**.

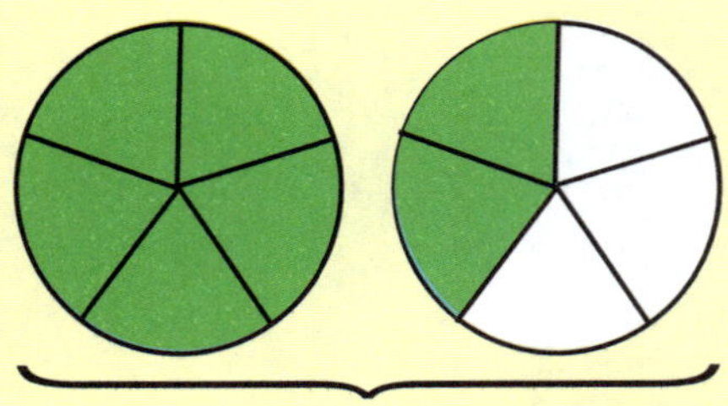

$\frac{7}{5}$

$\frac{7}{5} > 1$

24. Escreva a fração correspondente em cada caso.

a) 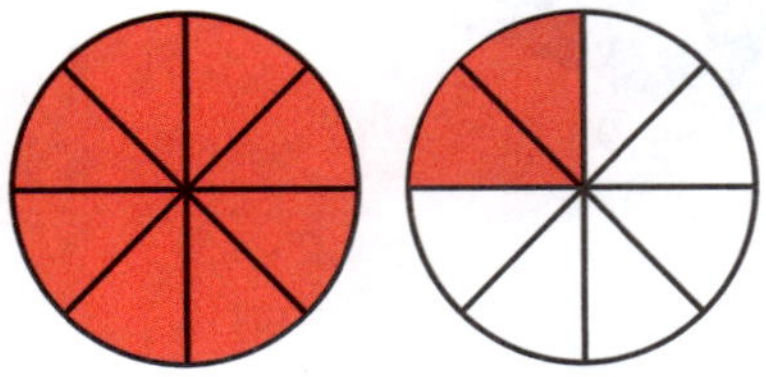 → ____

b) 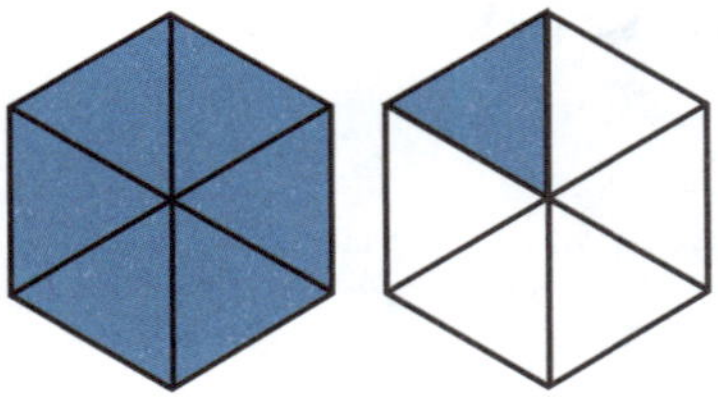 → ____

c) 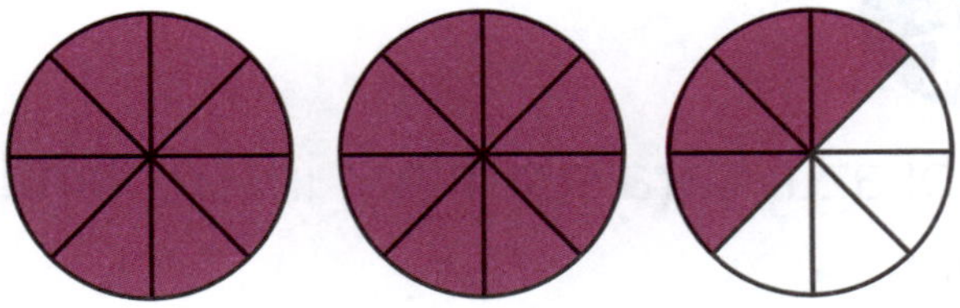 → ____

DIÁRIO DE BORDO

Nessas atividades, você aprendeu que:

- frações representam a **parte** de um todo;
- para encontrar frações equivalentes, pode-se multiplicar ou dividir o numerador e o denominador por um mesmo número;
- quando o numerador de uma fração é maior do que o denominador, ela é chamada **fração imprópria**.

SEQUÊNCIA 6

NÚMEROS DECIMAIS

VAMOS COMEÇAR!

Luana tricotou um cachecol azul para sua filha, intercalando as cores azul-escura e azul-clara.

SHUTTERSTOCK/MARIANA TIEMI

O cachecol tem o mesmo número de faixas claras e faixas escuras.

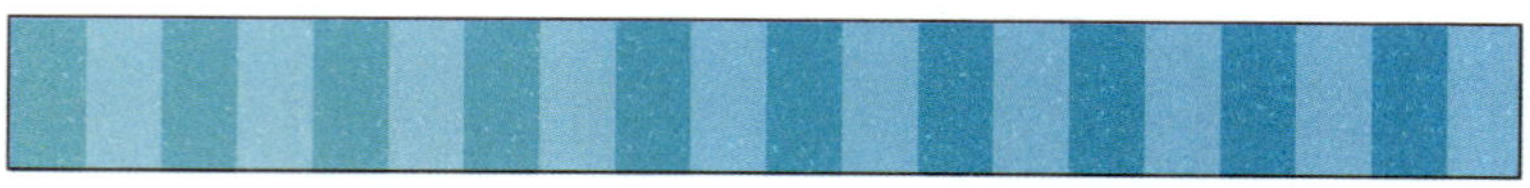

MARIANA TIEMI

- Que número decimal representa a parte clara? E a parte escura?
- O cachecol tem 10 faixas escuras e 10 faixas claras. Que número representa cada faixa clara?

VAMOS ENTENDER!

1. Observe a indicação de ordens do número 4,365. Depois, escreva os números no quadro ao lado.

	U,	d	c	m
4,365	4,	3	6	5
0,5				
0,05				
0,005				
2,1				
5,15				
2,415				
1,25				
3,052				
4,106				
0,125				

Agora, escreva cada um desses números por extenso.

4,365: quatro inteiros, trezentos e sessenta e cinco milésimos

0,5: ______________________________

0,05: ______________________________

0,005: ______________________________

2,1: ______________________________

5,15: ______________________________

2,415: ______________________________

1,25: ______________________________

3,052: ______________________________

4,106: ______________________________

0,125: ______________________________

2. Transforme as frações decimais em números na **forma decimal**, como no exemplo.

$\frac{5}{10} \rightarrow 5 \div 10 = 0,5 \rightarrow \frac{5}{10} = 0,5$

a) $\frac{5}{100} \rightarrow$ ______

b) $\frac{75}{100} \rightarrow$ ______

c) $\frac{6}{1000} \rightarrow$ ______

d) $\frac{158}{1\,000} \rightarrow$ ______

e) $\frac{0,10}{10} \rightarrow$ ______

f) $\frac{2,3}{100} \rightarrow$ ______

3. Escreva as frações impróprias em números na forma decimal.

a) $\frac{68}{10} =$ ______

b) $\frac{15}{10} =$ ______

c) $\frac{185}{100} =$ ______

d) $\frac{1\,589}{1\,000} =$ ______

e) $\frac{3\,700}{1\,000} =$ ______

f) $\frac{105}{100} =$ ______

4. Transforme os números na forma decimal em frações decimais.

a) 0,5

$0{,}5 = 5 \div 10$

$0{,}5 = \frac{5}{10}$

d) 2,5

b) 0,46

e) 0,005

c) 3,51

f) 4,365

5. Relacione as frações decimais com os números na forma decimal.

$\frac{15}{100}$ $\frac{95}{1\,000}$ $\frac{90}{100}$ $\frac{954}{100}$ $\frac{15}{10}$

9,54

0,095

0,90

0,15

1,5

6. Escreva, por extenso, os números na forma decimal a seguir.

a) 98,3: ____________________

b) 0,45: ____________________

c) 0,75: ____________________

d) 0,589: ____________________

e) 2,359: ____________________

f) 48,65: ____________________

g) 4,081: ____________________

Zeros colocados à direita da última **ordem decimal** não alteram o valor do número.

0,5 = 0,50 = 0,500

5 décimos = 50 centésimos = 500 milésimos

7. Observe os números a seguir. As ordens vazias foram preenchidas com o algarismo 0, sem alterar o valor do número.

U,	d	c	m
1,	0	0	0

U,	d	c	m
0,	0	1	0

U,	d	c	m
0,	1	0	0

U,	d	c	m
0,	0	0	1

a) Reescreva os números acima deixando apenas os algarismos 0 que forem necessários.

____

b) Organize esses números em ordem crescente.

____

8. Compare os números decimais utilizando os sinais > (maior do que), < (menor do que) ou = (igual a).

a) 0,05 _____ 0,50

b) 0,80 _____ 0,08

c) 0,02 _____ 0,020

d) 1,05 _____ 1,50

e) 0,15 _____ 1,50

f) 0,1 _____ 0,10

g) 5,15 _____ 1,51

h) 0,150 _____ 0,015

9. Coloque os números em ordem crescente, usando o símbolo < (menor do que).

0,1	1,05	0,01	21,4	2,4	1,05

____

10. Escreva os números na forma decimal usando algarismos.

a) Setenta e dois centésimos: _______________

b) Noventa e quatro milésimos: _______________

c) Dois inteiros e nove décimos: _______________

d) Quatro inteiros e setenta e dois centésimos: _______________

e) Vinte inteiros e quatro décimos: _______________

- Agora, escreva esses números em ordem crescente.

____

11. Associe cada número na forma decimal aos pontos indicados na reta numérica a seguir.

0,9 0,5 0,7 0,2

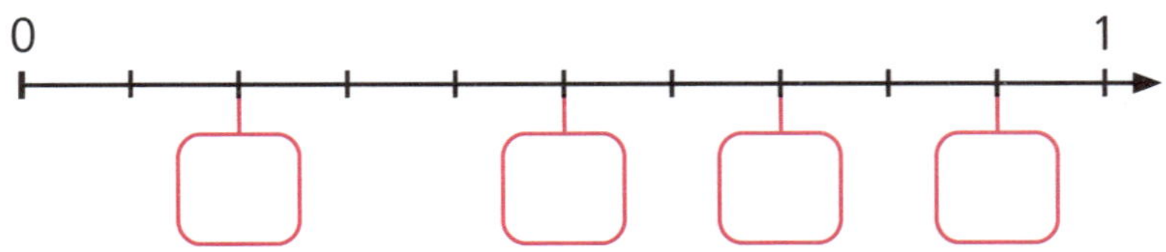

12. Na reta numérica abaixo, identifique cada número representado pela letra indicada.

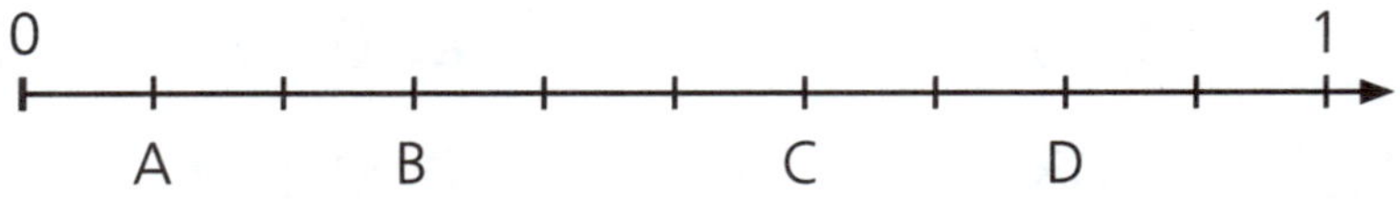

A: ________ C: ________

B: ________ D: ________

13. Na reta numérica abaixo, identifique os pontos A, B, C e D.

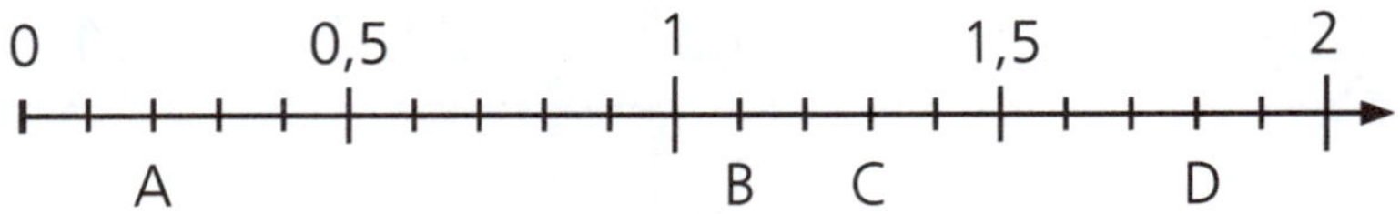

A: ________ C: ________

B: ________ D: ________

DIÁRIO DE BORDO

Nessas atividades, você aprendeu que:

- frações decimais podem ser escritas como números na forma decimal;
- números na forma decimal podem representar números maiores do que 1;
- para comparar números na forma decimal, é preciso observar o algarismo que ocupa cada ordem;
- zeros à direita da ordem decimal não alteram o valor do número.

SEQUÊNCIA 7

ADIÇÃO E SUBTRAÇÃO

VAMOS COMEÇAR!

O pai de Arthur, Iara e Vinícius levou-os a uma loja de brinquedos para que cada um escolhesse um brinquedo. Observe a vitrine dessa loja. Arthur escolheu o jogo de tabuleiro, Iara escolheu o quebra-cabeça e Vinícius escolheu a bola.

a) Qual é a quantia necessária para comprar os 3 brinquedos?

b) Se ele fizer o pagamento com uma cédula de R$ 100,00, quanto receberá de troco?

VAMOS ENTENDER!

1. O avô de Pedro tem uma fazenda onde cria animais. Ele pediu a Pedro que contasse todos os animais da fazenda. Pedro contou os animais e verificou que havia 37 cavalos, 28 bois, 125 porcos, 176 galinhas e 74 patos.

a) Faça uma estimativa da quantidade total de bois e porcos juntos. Explique como chegou ao resultado.

___

___

___

b) Faça uma estimativa da quantidade total de aves e explique como chegou ao resultado.

___

___

___

c) Agora, calcule: quantos animais havia ao todo?

___

___

2. Em uma gincana na escola, a turma vencedora conseguiu 980 pontos e a vice-campeã conseguiu 34 pontos a menos. Qual é a pontuação da turma vice-campeã?

___

___

3. Beatriz e seus colegas estão vendendo biscoitos caseiros para arrecadar dinheiro e ajudar uma instituição de idosos. Eles tinham 1 278 biscoitos para vender ao longo de uma semana. No primeiro dia, venderam 385 biscoitos, e no segundo dia, 402 biscoitos. Quantos biscoitos eles ainda tinham para vender no início do terceiro dia?

____

4. No dia em que Luciana nasceu, o pai dela tinha 27 anos. Hoje, Luciana está comemorando seu aniversário de 15 anos.

a) Qual é a idade do pai de Luciana hoje?

____

b) Some a idade de Luciana com a idade do pai dela hoje.

____

c) Em que ano Luciana nasceu?

____

____

5. Na primeira semana de janeiro, a bilheteria de um cinema vendeu 358 ingressos. Na segunda semana, vendeu 478 ingressos a mais que na primeira semana. Na terceira semana, vendeu 125 ingressos a menos que na segunda. Quantos ingressos, no total, foram vendidos nas três primeiras semanas de janeiro?

____

____

6. Uma empresa comprou 2 computadores. Pagou R$ 4 299,00 e R$ 3 499,00, respectivamente, por computador.

a) Qual é o valor aproximado dos dois computadores juntos? Faça uma estimativa.

____

b) Leia as afirmações e assinale a que for verdadeira.

- [ ] O valor pago pelos dois computadores é maior do que R$ 4 000,00 e menor do que R$ 7 000,00.
- [ ] O valor pago pelos dois computadores é maior do que R$ 7 000,00 e menor do que R$ 8 000,00.
- [ ] O valor pago pelos dois computadores é maior do que R$ 8 000,00 e menor do que R$ 9 000,00.

c) Qual é o valor total exato que a empresa pagou por esses dois computadores?

____

7. A São Silvestre é uma corrida de rua realizada no final de cada ano na cidade de São Paulo. Nessa corrida, atletas percorrem 15 000 m pelas ruas da cidade. Essa prova é bem mais curta que uma maratona olímpica, a qual tem, oficialmente, 42 195 m de percurso.

Fonte: OLIVEIRA, W. Você vai correr a maratona da São Silvestre? *Uol.* Disponível em: https://wanderleioliveira.band.uol.com.br/voce-vai-correr-maratona-da-sao-silvestre/. Acesso em: 8 fev. 2023.

Qual é a diferença de distância entre a corrida de São Silvestre e a maratona olímpica?

____

____

8. A cidade de Natal, capital do Rio Grande do Norte, tinha 712 317 habitantes em 2000 e 803 811 em 2010. Em 2021, estimava-se que a população fosse de 896 708 habitantes.

Fonte: ESTADO do Rio Grande do Norte. *Estados e cidades*. Disponível em: https://www.estadosecidades.com.br/rn/. Acesso em: 8 fev. 2023.

a) Faça arredondamentos até a ordem de milhar para cada uma das informações a seguir.

- População de Natal em 2000: ______________________.
- População de Natal em 2010: ______________________.
- População estimada para Natal em 2021: ________________.

b) Qual foi o aumento de população entre os anos 2000 e 2010 na cidade de Natal, aproximadamente?

____

____

9. Observe como Caio calculou a adição de dois números decimais.

Faça como Caio e calcule:

SHUTTERSTOCK/MARIANA TIEMI

a)

	U,	d	c
	1,	2	5
+	0,	7	5

b)

	D	U,	d	c	m
	1	5,	2	5	2
+	3	0,	7	4	6

c)

	D	U,	d	c
	4	5,	7	9
−	3	0,	5	4

d)

	U,	d	c	m
	5,	9	3	4
−	1,	8	0	1

10. Calcule.

a) 156,25 + 48,70 =

b) 17, 95 + 8,15 =

c) 59,6 – 13,8 =

d) 27,9 – 12,5 =

11. Calcule.

a) 9,57 – 6,28 =

b) 30 – 25,36 =

c) 10,35 + 2,3 =

d) 2,65 + 8,8 =

12. Vinícius utilizou R$ 300,00 para pagar um relógio. Calcule o preço desse relógio, sabendo que Vinícius recebeu R$ 35,50 de troco.

____

13. Veja o controle de despesas da casa de Roberto.

Despesas	Valor
Água	R$ 65,76
Luz	R$ 265,25
Internet	R$ 99,90
Alimentação	R$ 800,00
Transporte	R$ 466,40

SHUTTERSTOCK

Qual é o total de despesas presentes nesse controle?

____

____

____

Para somar frações com denominadores iguais, mantemos os denominadores e somamos os numeradores. Observe.

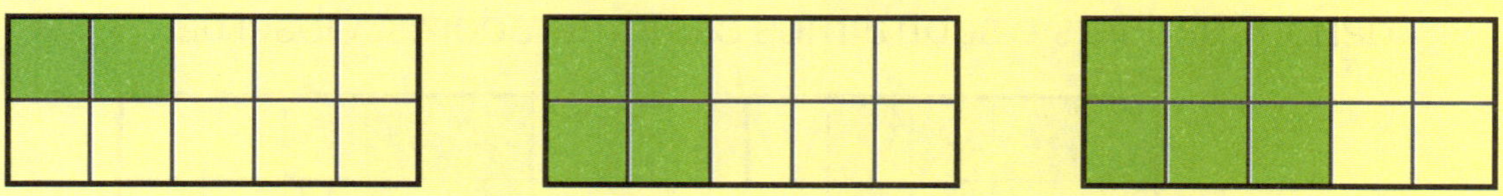

$$\frac{2}{10} + \frac{4}{10} = \frac{6}{10}$$

14. Breno vai construir uma casa. Ele fez o desenho dela em um papel quadriculado, com cada quadradinho correspondendo a 1 m^2.

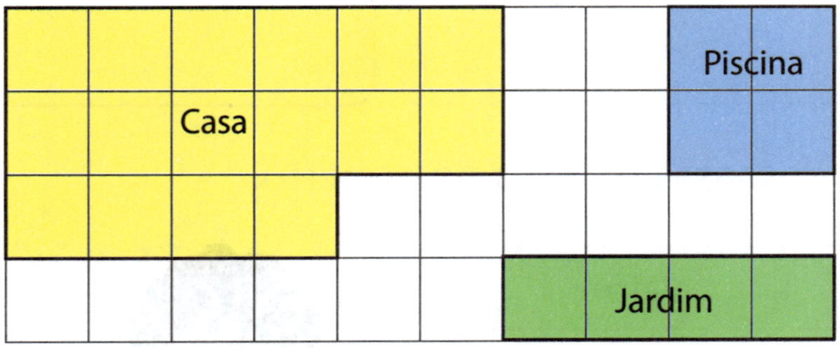

SHUTTERSTOCK/MARIANA TIEMI

Observe que no desenho de Breno há 40 quadradinhos no total. Escreva:

a) A fração do terreno ocupada pelo jardim: ______

b) A fração do terreno ocupada pela piscina: ______

c) A fração do terreno ocupada pela casa: ______

d) Quantos metros quadrados mede essa casa? ______

15. Calcule.

a) $\frac{2}{3} + \frac{2}{3} = \square$

b) $\frac{2}{5} + \frac{3}{5} = \square$

c) $\frac{1}{10} + \frac{5}{10} = \square$

d) $\frac{8}{20} + \frac{10}{20} = \square$

Para subtrair frações com denominadores iguais, mantemos os denominadores e subtraímos os numeradores. Observe.

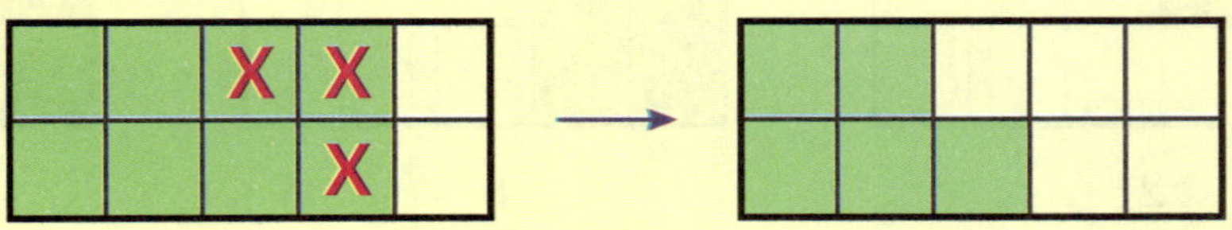

$$\frac{8}{10} - \frac{3}{10} = \frac{5}{10}$$

16. Fabiana dividiu um pedaço de cartolina em 9 partes iguais e pintou 5 partes de amarelo. Depois, fez um **X** em 3 das partes pintadas.

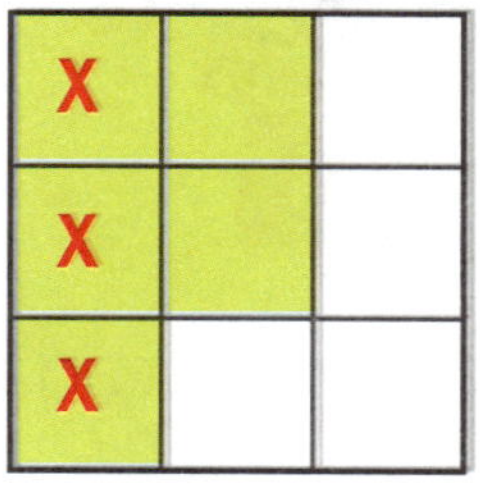

SHUTTERSTOCK/ MARIANA TIEMI

Escreva a fração que representa:

a) Os quadradinhos pintados de amarelo: _____

b) Os quadradinhos marcados com **X**: _____

c) Os quadradinhos amarelos sem a marca **X**: _____

d) Complete.

$$\frac{\square}{9} - \frac{\square}{9} = \frac{\square}{9}$$

17. Calcule.

a) $\frac{25}{30} - \frac{7}{30} = \square$

b) $\frac{9}{2} - \frac{6}{2} = \square$

c) $\frac{15}{100} - \frac{5}{100} = \square$

d) $\frac{28}{10} - \frac{13}{10} = \square$

e) $\frac{30}{25} - \frac{2}{25} = \square$

f) $\frac{17}{4} - \frac{7}{4} = \square$

g) $\frac{15}{11} - \frac{1}{11} = \square$

h) $\frac{23}{2} - \frac{3}{2} = \square$

18. Veja como Miguel e Fabiana fizeram a seguinte adição:

SHUTTERSTOCK/ MARIANA TIEMI

Eles procuraram frações equivalentes para cada um dos termos, até encontrar frações com o mesmo denominador. E fizeram a adição.

$\frac{5}{6} \rightarrow \frac{10}{12}, \frac{15}{18}, \boxed{\frac{20}{24}}, \ldots$

$\frac{3}{4} \rightarrow \frac{6}{8}, \frac{9}{12}, \boxed{\frac{18}{24}}, \ldots$

$\frac{5}{6} + \frac{3}{4} = \frac{20}{24} + \frac{18}{24} = \frac{38}{24}$

Calcule as operações a seguir como Miguel e Fabiana fizeram.

a) $\frac{1}{2} + \frac{2}{3} =$

b) $\frac{3}{4} + \frac{2}{6} =$

c) $\frac{1}{2} - \frac{2}{5} =$

d) $\frac{13}{5} - \frac{1}{3} =$

19. Observe como a professora de Enzo calculou $\frac{7}{3} + \frac{3}{4}$.

Ela identificou o menor múltiplo comum (MMC) entre 3 e 4, no caso, 12. E escreveu os termos com esse denominador. Depois, fez a adição.

Múltiplos de 3: **M**(3) = 0, 3, 6, 9, 12, 15, ...
Múltiplos de 4: **M**(4) = 0, 4, 8, 12, 16, 20, ...
MMC (3, 4) = 12

$$\frac{7}{3} = \frac{7 \times 4}{3 \times 4} = \frac{28}{12}$$

$$\frac{3}{4} = \frac{3 \times 3}{4 \times 3} = \frac{9}{12}$$

$$\frac{7}{3} + \frac{13}{4} = \frac{28}{12} + \frac{9}{12} = \frac{37}{12}$$

Agora, calcule:

a) $\frac{1}{2} + \frac{1}{5}$

Múltiplos de 2 = ____________________

Múltiplos de 5 = ____________________

MMC (2, 5) = __________

b) $\frac{3}{8} + \frac{5}{7}$

M(8) = ______________________________

M(7) = ______________________________

MMC (8, 7) = __________

c) $\frac{3}{4} + \frac{1}{3}$

M(4) = ______________________________

M(3) = ______________________________

MMC (4, 3) = __________

20. Calcule da maneira que preferir.

a) $\frac{2}{3} + \frac{3}{4} = \square$

b) $\frac{4}{5} + \frac{5}{6} = \square$

c) $\frac{6}{4} + \frac{7}{8} = \square$

d) $\frac{10}{7} - \frac{2}{5} = \square$

e) $\frac{7}{9} - \frac{2}{3} = \square$

f) $\frac{7}{10} - \frac{1}{6} = \square$

DIÁRIO DE BORDO

Nessas atividades, você aprendeu que:

- para somar ou subtrair números decimais, é preciso comparar os algarismos ordem a ordem;
- para somar ou subtrair frações, é preciso escrever as frações com denominadores iguais.

SEQUÊNCIA 8

MULTIPLICAÇÃO E DIVISÃO

VAMOS COMEÇAR!

Gael e o pai foram comprar tênis novos para ir à escola. Eles escolheram um modelo que custa R$ 187,50 cada par e decidiram levar 2 pares, um azul e um vermelho.

ILUSTRA CARTOON

a) O pai de Gael conseguirá pagar a compra com apenas uma cédula de 200 reais?

b) Se Gael tem a opção de ir para a escola usando calça ou bermuda, quantas combinações diferentes ele poderá fazer usando os tênis novos que está comprando?

VAMOS ENTENDER!

1. Júlia tem uma coleção de 13 carrinhos, cada um com 4 rodinhas. Para passar o tempo, resolveu contar a quantidade total de rodinhas em sua coleção.

a) Para não contar as rodinhas uma a uma, Júlia pode utilizar a adição. Represente uma adição possível para encontrar a quantidade total de rodinhas.

____

b) Júlia também pode utilizar a multiplicação. Represente uma multiplicação possível para encontrar a quantidade total de rodinhas.

____

2. Miguel multiplicou os fatores 4 e 64. Que produto ele obteve?

____

3. Quais combinações de fatores são possíveis multiplicar para obter o produto 12?

____

4. Mariana coleciona figurinhas de pontos turísticos do estado onde ela mora. Nas páginas do álbum de Mariana há 3 linhas e 3 colunas com espaços para colar as figurinhas.

a) Quantas figurinhas cabem em cada página?

____

b) Sabendo que o álbum de Mariana tem 12 páginas, quantas figurinhas o álbum terá quando estiver completo?

____

5. Em um ônibus de viagem, há 2 fileiras com 8 poltronas cada uma e 2 fileiras com 10 poltronas cada uma. Quantas poltronas há no ônibus?

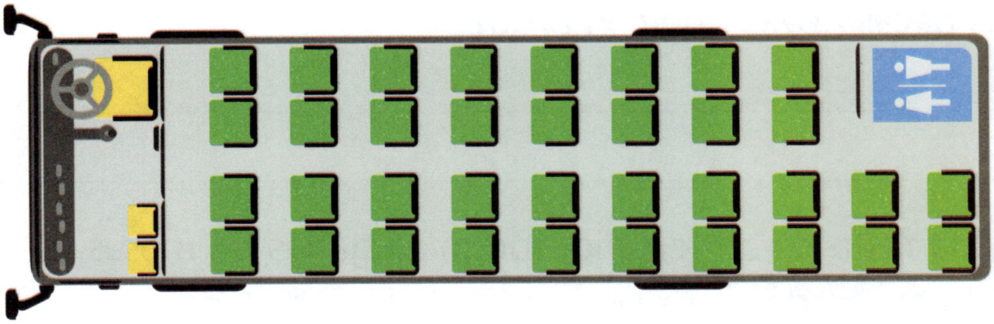

SHUTTERSTOCK

____

6. Jéssica verificou que no cardápio da lanchonete havia duas opções de sanduíche (frango ou vegetariano) e três opções de suco natural (laranja, goiaba ou abacaxi).

a) Escreva todas as opções de escolha que Jéssica tem para pedir um suco e um sanduíche.

____

____

____

____

b) Quantas opções Jéssica tem? ____________________

☐	×	☐	=	☐
número de opções do suco		número de opções de sanduíches		número total de opções para o lanche

7. Lucas tem 5 bermudas e 7 camisetas para as aulas de vôlei. De quantas maneiras diferentes Lucas pode se vestir para essas aulas?

☐	×	☐	=	☐
número de opções de bermudas		número de opções de camisetas		número total de opções para Lucas se vestir

____

8. Marcelo foi à loja e comprou 3 bermudas, uma preta, uma verde e uma cinza, e 4 blusas, uma branca, uma azul, uma verde e uma marrom. Quantas combinações Marcelo conseguirá fazer com as peças novas que comprou?

____

____

9. Para uma festa de aniversário, foram alugadas 64 mesas. Sabendo que cada mesa tem capacidade para 4 pessoas, quantas pessoas poderão ser convidadas sem que ninguém fique sem lugar?

____

____

10. A torneira da pia da cozinha da casa de Enzo estava gotejando. Com isso, a família de Enzo estava desperdiçando 47 litros de água por dia. Considerando que esse problema durou um mês, quanta água foi desperdiçada nesse período? Considere o mês com 30 dias.

____

____

11. A distância da casa de Alexia até a escola onde estuda é de 850 metros.

a) Quantos metros ela percorre, no total, para ir e voltar da escola?

____

____

b) Quantos metros ela percorre, ao todo, para ir e voltar da escola de segunda-feira a sexta-feira?

____

____

12. Em uma gráfica, certa máquina copiadora faz, no máximo, 20 cópias por minuto. Porém, ela só pode funcionar, no máximo, uma hora por dia.

a) Quantas cópias essa máquina consegue reproduzir por dia?

____

b) Quantas cópias essa máquina consegue reproduzir por 5 dias?

____

13. No começo do ano, a professora de Beatriz levou para a sala de aula 17 caixas com 24 lápis em cada uma. Ela distribuiu 238 lápis entre os alunos e guardou o restante.

a) Quantos lápis, ao todo, a professora levou para a sala de aula?

____

____

b) Quantos lápis a professora guardou?

____

____

14. Calcule.

a)
```
  1 2 5 3 6
×       1 5
-----------
```

b)
```
  4 2 3 2 4
×       2 0
-----------
```

15. Em uma divisão exata, o dividendo é 288 e o divisor é 12. Qual é o quociente?

____

____

dividendo	divisor
resto	quociente

16. Jamile está organizando a festa de aniversário de 10 anos de sua filha. Depois de fazer algumas estimativas, concluiu que cada convidado comeria 7 doces, portanto encomendou 2436 doces. Assinale a opção que indica a quantidade total de convidados.

☐ 105 ☐ 348 ☐ 17052

17. Tiago é feirante. Todos os dias ele organiza as frutas em caixotes de madeira para facilitar o transporte. Hoje, ele precisa organizar 385 frutas em 5 caixotes iguais, colocando a mesma quantidade de frutas em cada caixote.

A quantidade de frutas em cada caixote será:

☐ maior do que 50 e menor do que 100.

☐ maior do que 100 e menor do que 200.

☐ maior do que 200.

Quando o resto de uma divisão é igual a zero, ela é chamada de **divisão exata**.

18. Para realizar um passeio com os alunos e professores, o diretor de uma escola decidiu alugar vários ônibus. Ao todo, irão ao passeio 210 alunos e 5 professores. Considerando que a lotação máxima de cada ônibus é de 44 pessoas, quantos ônibus serão necessários para transportar todos os participantes?

____

19. Em uma divisão não exata, o dividendo é 635 e o divisor é 42. Qual é o quociente?

$$635 \,\underline{|\,42}$$

____

20. Renata decidiu vender doces para arrecadar dinheiro e comprar um computador novo. Para isso, ela fez 150 doces para distribuir igualmente em 12 caixas.

a) Para que todas as caixas tenham a mesma quantidade de doces, quantos doces ela deve colocar em cada caixa?

____

b) Vão sobrar doces? Quantos?

____

21. Em um cinema, as fileiras foram distribuídas conforme as letras do alfabeto, da letra A até a letra F. Sabendo que a sala do cinema tem 144 poltronas, quantas poltronas foram colocadas em cada fileira?

____

22. Um *shopping center* será construído em uma área de 54 000 metros quadrados. Na preparação do terreno, o espaço foi dividido em três partes iguais, destinadas às lojas, à praça de alimentação e ao estacionamento. Sabendo que serão construídas 1 500 lojas, todas de mesmo tamanho, qual será a área de cada loja?

____

23. Em uma granja, os ovos são organizados em bandejas com 30 unidades cada uma. Hoje, 1 800 ovos precisam ser embalados nessas bandejas. Quantas bandejas serão necessárias para organizar essa quantidade de ovos?

____

____

____

24. Observe duas maneiras de resolver a multiplicação 1,5 × 3.

$$1{,}5 + 1{,}5 + 1{,}5 = 4{,}5 \quad \text{ou} \quad \begin{array}{r} 1{,}5 \\ \times \quad 3 \\ \hline 4{,}5 \end{array}$$

Agora, calcule os produtos a seguir utilizando essas duas maneiras.

a) 1,3 × 5 = ________

b) 0,12 × 4 = ________

Na multiplicação de números decimais, o número de ordens decimais do produto é igual à soma das ordens decimais dos fatores.

$$\begin{array}{rcl} 2{,}\mathbf{15} & \rightarrow & \text{2 ordens decimais} \\ \times \quad 7 & \rightarrow & \text{0 ordem decimal} \\ \hline 15{,}\mathbf{05} & \rightarrow & \text{2 ordens decimais} \end{array}$$

A ordem decimal também é chamada de **casa decimal**. Por exemplo, o número 2,25 tem 2 ordens decimais ou 2 casas decimais.

25. Calcule indicando o número de ordens decimais presentes em cada fator e no produto.

a)

7,3 → _____ ordem decimal
× 2 → _____ ordem decimal
_____ → _____ ordem decimal

b)

3,4 → _____ ordem decimal
× 0,3 → _____ ordem decimal
_____ → _____ ordens decimais

c)

4,5 → _____ ordem decimal
× 0,5 → _____ ordem decimal
_____ → _____ ordens decimais

d)

0,12 → _____ ordens decimais
× 0,9 → _____ ordem decimal
_____ → _____ ordens decimais

26. Observe como Luana calculou 12,7 × 5,8.

SHUTTERSTOCK/MARIANA TIEMI

Faça como Luana e calcule.

a) 5,2 × 1,4 = _____

O produto tem _____ casas decimais.

b) 2,75 × 1,5 = _____

O produto tem _____ casas decimais.

c) 7,23 × 2,5 = _____

O produto tem _____ casas decimais.

d) 1,85 × 0,75 = _____

O produto tem _____ casas decimais.

27. Ricardo e sua mãe foram tomar sorvete. O preço do sorvete é R$ 24,60 o quilograma. Ricardo tomou 250 gramas de sorvete. Sabendo que 250 g corresponde a 0,25 kg, quanto Ricardo pagou pelo sorvete?

SHUTTERSTOCK/ EDITORIA DE ARTE

____

28. Mário está treinando para uma competição de atletismo e, por isso, corre 985,32 metros por dia. Se ele permanecer nesse ritmo, quantos metros Mário correrá em 15 dias?

____

29. Para resolver uma divisão envolvendo um número na forma decimal, Raul multiplicou dividendo e divisor por 10 para eliminar a vírgula. Em seguida, fez a divisão.

$$4 \div 0{,}5$$
$$\times 10 \downarrow \quad \downarrow \times 10$$
$$40 \div 5 = 0$$

Faça como Raul e calcule.

a) $12 \div 0{,}3 =$ ______

b) $6 \div 0{,}1 =$ ______

c) $1{,}4 \div 0{,}2 =$ ______

d) $5{,}6 \div 0{,}8 =$ ______

Para dividir números na forma decimal, pode-se igualar o número de casas decimais do dividendo e do divisor e eliminar as vírgulas.

$8 \div 0{,}2$

$\times 10 \downarrow \quad \downarrow \times 10$

$80 \div 2$

$8 \div 0{,}2 = 80 \div 2 = 40$

30. Calcule.

a) $96 \div 0{,}8 =$ ______

b) $15 \div 0{,}125 =$ ______

c) $1{,}5 \div 0{,}25 =$ ______

d) $2{,}7 \div 0{,}03 =$ ______

Uma divisão pode ter quociente decimal.

```
  7 | 5
- 5   1
---
  2
```

```
  7   | 5
- 5     1,4
---     U,d
  2 0
- 2 0
-----
    0
```

31. Efetue as divisões até que o resto seja 0.

a) $25 \div 2 =$ ______

b) $16 \div 5 =$ ______

c) $153 \div 6 =$ ______

d) $250 \div 8 =$ ______

e) $37 \div 8 =$ ______

f) $1{,}8 \div 0{,}5 =$ ______

32. Encontre o quociente decimal nas operações a seguir.

a) $48{,}5 \div 5 =$ ______

b) $15 \div 0{,}4 =$ ______

c) $3{,}125 \div 2{,}5 =$ ______

d) $16{,}25 \div 0{,}5 =$ ______

33. O pai de Ana comprou um saco de laranjas de 14,2 kg. No saco havia 71 laranjas. Se todas as laranjas tiverem o mesmo peso, quanto pesará cada laranja?

____

34. Uma *pizza* foi dividida em 8 partes iguais. Complete as frases com frações.

SHUTTERSTOCK/MARIANA TIEMI

a) Pedro comeu 1 pedaço da *pizza*.

Pedro comeu _____ da *pizza*.

b) Se Pedro comer o dobro de pedaços de *pizza*, ou seja, mais um pedaço, ele vai comer _____ da *pizza*.

O dobro de _____ é igual a 2 × _____.

2 × _____ = _____

c) A irmã de Pedro come apenas a metade de um pedaço de *pizza*.

A irmã de Pedro come apenas _____ da *pizza*.

A metade de _____ é igual a $\frac{1}{2}$ × _____.

$\frac{1}{2}$ × _____ = _____

Para multiplicar frações, multiplicam-se numerador com numerador e denominador com denominador.

$$\frac{2}{5} \times \frac{4}{3} = \frac{2 \times 4}{5 \times 3} = \frac{8}{15}$$

35. Encontre os produtos.

a) $2 \times \frac{1}{3} =$ ☐

b) $3 \times \frac{2}{5} =$ ☐

c) $4 \times \frac{3}{10} =$ ☐

d) $5 \times \frac{7}{5} =$ ☐

36. Calcule.

a) $\frac{1}{5} \times \frac{1}{2} =$ ☐

b) $\frac{3}{4} \times \frac{1}{3} =$ ☐

c) $\frac{2}{5} \times \frac{7}{9} =$ ☐

d) $\frac{2}{7} \times \frac{1}{4} =$ ☐

37. Rogério fez um bolo de chocolate. Ele dividiu o bolo em 4 pedaços iguais. Seu pai comeu apenas $\frac{2}{3}$ de um dos pedaços.

a) Que fração do bolo inteiro representa um pedaço de bolo? ______

b) Que fração do bolo inteiro o pai de Rogério comeu?
Complete:

______ × ______ = ______

O pai de Rogério comeu ______ do bolo.

38. Marina pegou a metade de uma goiaba para experimentar e dividiu esse pedaço igualmente com sua irmã Ana. Complete as frases com frações.

a) Marina pegou ______ da goiaba.

b) Marina dividiu a metade da goiaba em ______ pedaços iguais.

c) Ana comeu ______ da goiaba.
Complete:

______ ÷ ______ = ______

Para dividir uma fração por outra, multiplica-se a primeira fração pelo inverso da segunda:

- $\frac{4}{5} \div \frac{3}{2} = \frac{4}{5} \times \frac{2}{3} = \frac{4 \times 2}{5 \times 3} = \frac{8}{15}$
- $\frac{1}{3} \div 3 = \frac{1}{3} \div \frac{3}{1} = \frac{1}{3} \times \frac{1}{3} = \frac{1}{3 \times 3} = \frac{1}{9}$

39. Ao chegar em casa, Mário encontrou sobre a mesa uma parte da laranja que foi cortada em 3. Havia apenas $\frac{1}{3}$ da laranja, e ele comeu metade dela. Que fração da laranja Mário comeu? Complete.

$\frac{1}{3} \div$ _____ = _____ $\times$ _____ = _____

40. Calcule.

a) $\frac{1}{2} \div \frac{1}{2} =$ ☐

b) $\frac{1}{4} \div \frac{2}{3} =$ ☐

c) $\frac{2}{5} \div \frac{2}{7} =$ ☐

d) $\frac{15}{3} \div \frac{5}{2} =$ ☐

DIÁRIO DE BORDO

Nessas atividades, você aprendeu que:

- na multiplicação de números decimais, o número de ordens decimais do produto é igual à soma das ordens decimais dos fatores;
- para multiplicar frações, multiplicam-se numerador com numerador e denominador com denominador;
- para dividir frações, multiplica-se a primeira fração pelo inverso da segunda.

SEQUÊNCIA 9 PORCENTAGEM

VAMOS COMEÇAR!

Observe a foto. A loja está anunciando uma liquidação.

MIZUE JYO

a) O que significa a palavra "desconto"?

b) Se você tiver 50% de desconto em um tênis que custa R$ 400,00, qual é o valor a ser pago?

c) Se você tiver 70% de desconto em certo produto, quantos porcento do preço inicial você vai pagar?

VAMOS ENTENDER!

1. Complete as igualdades, conforme exemplos.

$\frac{10}{100}$ = 10% (dez por cento)

$\frac{15}{100}$ = 15% (quinze por cento)

a) _____ = 25%

b) _____ = 30%

c) $\frac{5}{100}$ = _____

d) $\frac{80}{100}$ = _____

2. Para cada número a seguir, encontre uma fração decimal equivalente e escreva na forma de porcentagem.

a) $\frac{1}{4}$ =

b) $\frac{1}{2}$ =

c) $\frac{3}{4}$ =

d) $\frac{1}{25}$ =

3. Ligue as frações às porcentagens equivalentes.

$\frac{2}{4}$ $\frac{6}{8}$ 1 $\frac{1}{10}$ $\frac{2}{8}$

10% 25% 50% 75% 100%

Toda **porcentagem** pode ser representada por uma **fração decimal** com denominador 100 ou por um número na forma decimal.

$5\% = \frac{5}{100} = 0{,}05$

4. Escreva os números a seguir na forma de porcentagem.

a) 0,15 = _____

b) 0,42 = _____

c) 0,95 = _____

d) 0,01 = _____

5. Siga o exemplo e calcule o que se pede.

$$10\% \text{ de } 250 = \frac{10}{100} \times 250 = \frac{2\,500}{100} = 25$$

a) 15% de 340 =

b) 20% de 1 200 =

c) 25% de 300 =

d) 30% de 750 =

Para calcular a **porcentagem** de um número, multiplicamos o número pela fração decimal ou pelo número decimal correspondente.

- $5\% \text{ de } 400 = \frac{5}{100} \times 400 = \frac{2000}{100} = 20$ ou
- $5\% \text{ de } 400 = 0{,}05 \times 400 = 20$

6. O salário de Leonardo era R$ 2 400,00 e teve um aumento de 25%.

a) Escreva a porcentagem 25% como uma fração decimal e como um número na forma decimal.

____

____

b) Calcule o aumento, em reais, do salário de Leonardo.

____

____

c) Qual é o novo salário de Leonardo?

____

____

7. Mariana tem uma loja de roupas e, neste mês, teve um lucro de R$ 1 000,00. Pensando no futuro, ela resolveu investir 30% de seu lucro em mercadorias. Quanto será investido?

---

8. A escola de Maria recebeu 700 inscrições para participar dos jogos de verão. Porém, no dia da abertura dos jogos, faltaram 10% dos inscritos. Quantas pessoas faltaram no dia da abertura dos jogos de verão?

---

9. Lucas comprou 300 figurinhas, porém 25% delas vieram repetidas.

a) Qual é a porcentagem de figurinhas que não vieram repetidas?

---

b) Quantas figurinhas repetidas ele comprou?

---

c) Escreva como você faria esse cálculo em uma calculadora. Escreva a sequência de teclas que usaria.

SHUTTERSTOCK

10. Em uma liquidação, uma loja ofereceu 25% de desconto em todos os seus produtos. Observe alguns produtos vendidos pela loja:

R$ 60,00

R$ 90,00

R$ 80,00

R$ 120,00

SHUTTERSTOCK/EDITORIA DE ARTE

Escreva, a seguir, o valor de cada produto após o desconto.

a) Blusa de lã: R$ ______________

b) Sapato: R$ ______________

c) Moletom: R$ ______________

d) Casaco: R$ ______________

DIÁRIO DE BORDO

Nessas atividades, você aprendeu que:

- porcentagem pode ser escrita na forma de fração decimal e de número na forma decimal;
- porcentagem representa partes de um total de 100.

SEQUÊNCIA 10 IGUALDADE

VAMOS COMEÇAR!

A balança de pratos é um instrumento que compara pesos colocados em dois pratos. Observe a situação em que a balança está equilibrada.

MARIANA TIEMI/SHUTTERSTOCK

a) Qual é a massa total dos pesos colocados no prato 1 da balança?

b) Qual é a massa total dos pesos colocados no prato 2 da balança?

c) Se retirarmos um peso de 1 kg do prato 1, o que é preciso fazer para que a balança continue em equilíbrio?

d) Quanto pesa a melancia?

VAMOS ENTENDER!

1. Assinale as sentenças que são igualdades verdadeiras.

- [ ] $10 + 5 - 2 = 10 - 2 + 5$
- [ ] $15 + 3 - 1 = 15 - 3 + 1$
- [ ] $20 \times 2 + 5 = 50 - 5$
- [ ] $35 \div 5 = 15 - 8$
- [ ] $1{,}5 + 4 \times 5 = 3 \times 7 - 0{,}5$

2. Observe a sentença $\underbrace{25 + 3}_{1} = \underbrace{14 \times 2}_{2}$ e responda às questões.

a) Qual é o valor total em cada lado da sentença?

____

____

b) Se subtrairmos 3 do lado esquerdo da sentença, o que é preciso fazer para que a igualdade seja mantida? Qual será o valor total em cada lado da sentença?

____

____

____

c) Se multiplicarmos o lado esquerdo da sentença por 2, o que é preciso fazer para que a igualdade seja mantida? Qual será o valor total em cada lado da sentença?

____

____

____

3. Faça o que se pede em cada item e verifique se a igualdade se mantém.

a) Multiplique por 3 ambos os membros da sentença 5 + 3 + 8 = 10 + 6.

____

b) Divida por 5 ambos os membros da sentença 25 + 15 = 20 + 20.

____

c) Na sentença 60 – 20 = 8 × 5, multiplique o primeiro membro por 4 e divida o segundo membro por 4.

____

4. Assinale a expressão que equivale a 270 + 560.

☐ 520 + 270 ☐ 166 × 5

☐ 900 – 250 ☐ 4 860 ÷ 9

5. Calcule os números de acordo com as informações dadas.

a) O dobro de 15 adicionado de 27: _____.

____

____

b) A quinta parte de 260 menos 25: _____.

____

____

c) O antecessor de 409 multiplicado pelo triplo de 8: _____.

____

____

d) 4 080 dividido pelo dobro de 4: ______.

____

____

e) O sucessor de 24 mais a terça parte de 27: ______.

____

____

6. No quadro a seguir, assinale com **X** todas as operações que têm o mesmo quociente.

480 ÷ 10	288 ÷ 6	312 ÷ 6	1 000 ÷ 25
225 ÷ 5	192 ÷ 4	192 ÷ 8	999 ÷ 9
180 ÷ 3	240 ÷ 5	96 ÷ 2	392 ÷ 8
820 ÷ 4	270 ÷ 9	144 ÷ 3	432 ÷ 9

____

7. Qual é o número que, multiplicado por 4, tem como produto 2 600? Complete.

■ × 4 = 2 600

■ × 4 ÷ ______ = 2 600 ÷ ______

■ = ______

8. O dobro de um número adicionado de 4 é igual a 20. Qual é esse número?

■ × 2 + 4 = 20

■ × 2 + 4 − ______ = 20 − ______

■ × 2 ÷ ______ = 16 ÷ ______

■ = ______

9. Representamos em uma balança de dois pratos os termos de uma igualdade. Para que a igualdade seja verdadeira, os dois termos devem ter o mesmo valor. Em cada item, encontre o valor representado por uma fruta.

a)

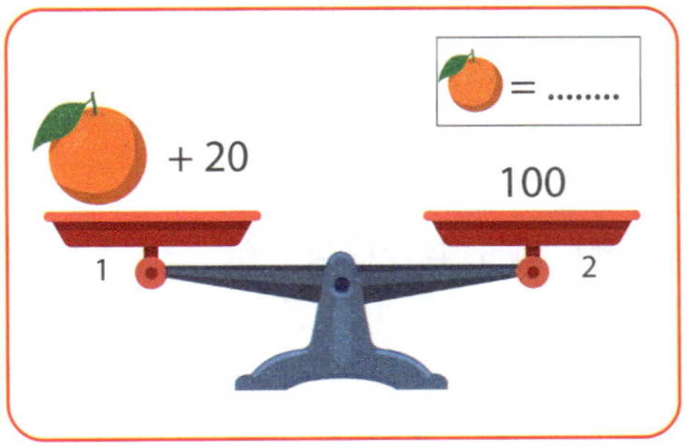

b)

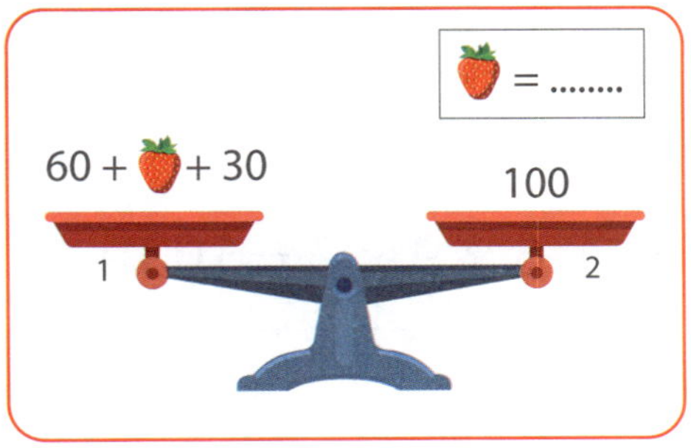

IMAGENS: SHUTTERSTOCK/ MARIANA TIEMI

c)

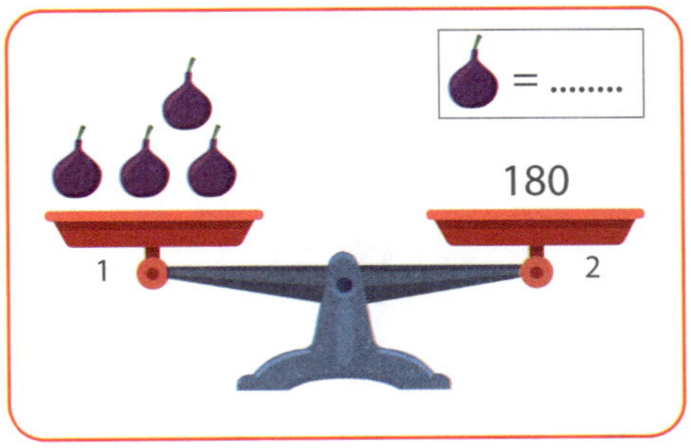

d)

e)

f)

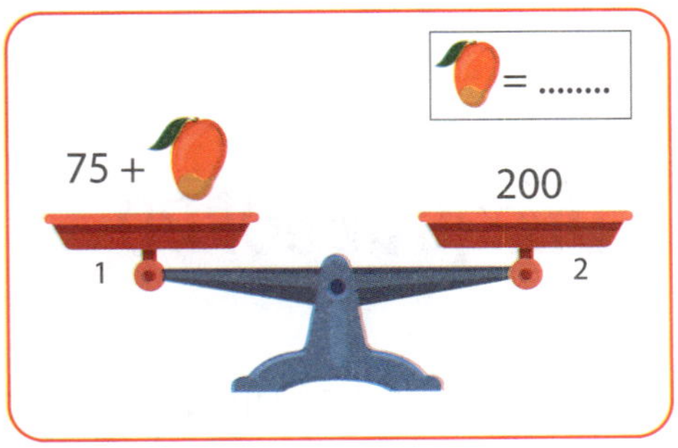

10. Calcule o número desconhecido em cada caso, de maneira que satisfaça a igualdade.

a) ● + 12 = 48 + 60

b) ● – 52 = 64 + 20

c) 6 × 9 × 2 = 100 + ●

d) 45 + 10 + ● = 180 ÷ 5 + 10

11. Encontre o valor de ▲ em cada item.

a) ▲ + 10 + ▲ = 60

b) ▲ + ▲ + 5 = ▲ + 10

c) ▲ + ▲ + ▲ + 50 = ▲ + 70

d) 10 + ▲ + 5 = ▲ + ▲ + ▲ + 9

DIÁRIO DE BORDO

Nessas atividades, você aprendeu que:

- uma igualdade não se altera quando se adiciona ou subtrai um mesmo número de ambos os lados da expressão.

SEQUÊNCIA 11

PROPORCIONALIDADE

VAMOS COMEÇAR!

Lana e sua mãe estão preparando uma receita de pão de ló para montar um bolo de aniversário bem grande. Observe os ingredientes da receita que estão utilizando.

SHUTTERSTOCK/MARIANA TIEMI

a) Para fazer 2 receitas, quanto açúcar vão utilizar?

b) Para fazer 3 receitas, quantas xícaras de leite vão utilizar?

VAMOS ENTENDER!

1. Uma caneta custa R$ 2,00. Complete a tabela abaixo preenchendo os valores de acordo com a quantidade de canetas.

Caneta	Valor total (R$)
1	
2	
3	
5	
10	

a) Quando o número de canetas aumenta, o valor total aumenta ou diminui?

____

b) Se o número de canetas triplicar, o que acontecerá com o valor a ser pago?

____

2. Para fazer suco, Marcela coloca 4 copos de água para cada copo de polpa de fruta.

a) Se Marcela colocar em uma jarra 2 copos de polpa de fruta, quantos copos de água ela deverá acrescentar para preparar o suco?

____

b) Se Marcela colocar 3 copos de polpa, quantos copos de água serão necessários?

____

c) Complete a frase:

O número de copos de água é sempre ______ vezes o número de copos de polpa.

3. Em uma estrada, um carro percorre 80 km a cada hora. Preencha o quadro supondo que o carro irá manter essa velocidade.

Tempo		Distância percorrida
1 hora		80 km
2 horas	2 × 80 = ______	160 km
3 horas	______ × 80 = ______	240 km
4 horas	______ × ______ = ______	320 km
5 horas	______ × ______ = ______	400 km

- Quando o tempo aumenta, o que acontece com a distância percorrida pelo carro?

____

Duas grandezas são **proporcionais** quando o aumento de uma implica no aumento da outra de modo proporcional.

4. Marcos está participando de um jogo da memória. As fichas ficam viradas sobre a mesa, e para cada par de fichas com as imagens iguais que ele escolher, ganha 3 pontos. Preencha o quadro com os pontos que Marcos fará em cada caso.

Acertos	Número de pontos	
1 par de fichas	______________	1 × 3
2 pares de fichas	______________	______ × 3
3 pares de fichas	______________	______ × ______
4 pares de fichas	______________	______ × ______

- O número de pontos é proporcional ao número de acertos?

____

____

5. Leia este problema.

> José está colocando um substrato na terra do jardim para fornecer nutrientes às plantas. A embalagem informa que deve-se diluir 20 gramas de substrato em 1 litro de água. Como a embalagem tem 100 gramas de substrato, quantos litros de água José vai precisar para diluir toda a embalagem?

a) Qual é a quantidade de água necessária para diluir 20 gramas de substrato?

____

b) Se José quiser diluir 40 gramas de substrato, quantos litros de água serão necessários?

____

c) Complete.

20 gramas de substrato __________ __________ de água

↓ × 2 ↓ × 2

40 gramas de substrato __________ __________ de água

d) Quantos gramas de substrato há na embalagem?

____

e) Complete.

20 gramas de substrato __________ __________ de água

↓ × ______ ↓ × ______

100 gramas de substrato __________ __________ de água

f) Escreva uma resposta para o problema.

____

____

____

6. Helena pesquisou quanto se gasta de água para tomar banho e obteve as seguintes informações.

Tempo de banho	Consumo de água
5 minutos	45 L
10 minutos	90 L
15 minutos	135 L

a) Qual é o consumo de água por minuto de banho?

____

b) Qual é o consumo de água em um banho de 20 minutos? Complete.

Tempo de banho		**Consumo de água**	
1 minuto	________	________ de água	
↓	× ________	↓	× ________
20 minutos		________ de água	

- O consumo de água em um banho de 20 minutos é de ________.

c) Quanto tempo você costuma demorar no banho? ________

d) Calcule a quantidade de água que você consome em cada banho considerando o gasto calculado no item a.

____

7. Todos os dias, antes de dormir, Enzo lê 15 páginas de um livro.

a) Quantas páginas do livro Enzo lê em 3 dias?

____

b) Enzo levará mais ou menos do que 2 semanas para ler um livro de 200 páginas?

____

____

____

8. Diariamente, Lara treina com sua bicicleta e, em 15 minutos, percorre uma distância de 3 500 metros. Supondo que ela vai manter o ritmo, complete:

a) Em 30 minutos, ela percorrerá ____________.

15 minutos → × ______ → 30 minutos ______________

3 500 m → × ______ → ____________________

b) Em 1 hora, ela percorrerá ____________.

15 minutos → × ______ → 1 hora ______________

3 500 m → × ______ → ____________________

9. Antônio repartiu 120 figurinhas entre seus dois netos. Para o mais velho, ele deu dois terços das figurinhas e, para o mais novo, um terço.

a) Quantas figurinhas o neto mais velho recebeu?

____

____

b) Quantas figurinhas o neto mais novo recebeu?

____

____

c) As figurinhas foram divididas igualmente entre os netos de Antônio?

____

____

d) Quem recebeu mais figurinhas? Quantas a mais?

____

____

10. Camila e Davi colaboram com algumas tarefas de casa. Davi é o mais velho e se comprometeu a fazer o dobro de tarefas que sua irmã. Observe as tarefas que eles vão dividir.

> Regar as plantas 3 vezes por semana.
> Lavar a louça do jantar 6 dias da semana.

a) Se Camila regar as plantas 1 vez por semana, quantas vezes por semana Davi realizará essa tarefa?

____

____

b) Como Camila e Davi poderão dividir a tarefa de lavar a louça do jantar? Complete.

- Se Camila lavar louça 1 dia, Davi deve lavar _____ dias.
- Se Camila lavar a louça 2 dias, Davi deve lavar _____ dias.

11. O pai de Lina faz um suco especial, misturando 1 medida de suco de morango para cada 2 medidas de suco de laranja. Hoje o pai de Lina preparou uma jarra com 1 200 mL de suco especial.

a) Qual é a quantidade de suco de morango que o pai de Lina utilizou?

____

____

b) Qual é a quantidade de suco de laranja utilizada?

____

____

12. Tiago e sua família fizeram uma viagem de 960 km. Eles viajaram um quarto do percurso de carro e três quartos desse percurso de avião.

a) Qual é a distância percorrida de carro?

____

b) Qual é a distância percorrida de avião?

____

13. Sabe-se que Célia tem o triplo da idade de sua filha Patrícia e, juntas, têm 48 anos. Qual é a idade de cada uma delas?

____

14. Lucas foi a uma papelaria para comprar uma caneta e uma lapiseira. Ao realizar o pagamento, percebeu que o preço da lapiseira era o triplo do preço da caneta. Ele pagou R$ 16,00 pelos dois objetos. Quanto custou cada um?

____

15. Uma escola comprou 1 200 revistas em quadrinhos para distribuir entre seus alunos. Sabendo que no período da manhã há quatro vezes mais alunos que no período da tarde, quantas revistas serão entregues para cada período?

____

____

16. A escola em que Júlia estuda fez uma campanha para arrecadar brinquedos para crianças de um orfanato. Na primeira semana, a arrecadação foi baixa, mas na segunda semana, arrecadaram quatro vezes mais. No total, conseguiram arrecadar 500 brinquedos.

a) Quantos brinquedos foram arrecadados na primeira semana de campanha?

____

b) Quantos brinquedos foram arrecadados na segunda semana de campanha?

____

17. Ana e Miguel estão arrecadando alimentos para uma gincana da escola. Juntos, conseguiram 150 caixas de leite. Se Ana conseguiu 5 vezes mais caixas do que Miguel, quanto cada um conseguiu?

____

____

DIÁRIO DE BORDO

Nessas atividades, você aprendeu que:

- duas grandezas são proporcionais quando o aumento de uma implica no aumento da outra.

SEQUÊNCIA 12

MEDIDAS DE TEMPO

VAMOS COMEÇAR!

Miguel tem uma consulta de rotina com o médico da família marcada para as 15h15. Observe na figura o horário em que Miguel e sua mãe chegaram no consultório.

ILUSTRA CARTOON

a) Como o relógio não tem os números que representam as horas, como é possível saber qual é o horário que ele está marcando?

b) Qual é o horário indicado no relógio da imagem?

c) Quanto tempo ainda falta para o início da consulta de Miguel?

VAMOS ENTENDER! !!!

1. Luan foi assistir a um filme na sessão que começa às 16 horas e termina às 18 horas. Antes de começar o filme, foram apresentados vários *trailers* de outros lançamentos durante 15 minutos.

a) Quanto tempo dura, em **horas**, a sessão de cinema a que Luan foi? Complete.

_____ horas – _____ horas = _____ horas

Término da sessão | Início da sessão | Duração da sessão

A sessão de cinema dura _____ horas.

b) Quanto tempo dura, em **minutos**, a sessão de cinema a que Luan foi? Complete.

1 hora ——————— 60 minutos

↓ × _____ ↓ × _____

_____ horas ——————— _____ minutos

A sessão de cinema dura _____ minutos.

c) Quanto tempo durou o filme? Complete.

_____ minutos – _____ minutos = _____ minutos

Duração da sessão | Duração dos *trailers* | Duração do filme

O filme durou _____ minutos.

2. Em um dia chuvoso, Enzo e seu irmão demoraram 104 minutos para ir da escola até a casa deles. Esse tempo é equivalente a:

- [ ] 1 hora e 4 minutos.
- [ ] 1 hora e 34 minutos.
- [ ] 1 hora e 24 minutos.
- [ ] 1 hora e 44 minutos.

3. Observe o exemplo e resolva os problema a seguir.

Monalisa colocou um bolo no forno às 9h35. A receita informa que o bolo deve ser assado por 40 minutos. Qual é o horário em que Monalisa deve retirar o bolo do forno?

SHUTTERSTOCK/ MARIANA TIEMI

Hora em que Monalisa colocou o bolo no forno:

9 h + 35 min

Hora de retirar o bolo do forno:

9 h + 35 min + 40 min

9 h + 75 min

75 min = 1 h + 15 min

Portanto, a hora para retirar o bolo do forno corresponde a:

9 h + 1 h + 15 min = 10 h + 15 min

Resposta: Monalisa deve retirar o bolo do forno às 10h15.

4. A mãe de Amanda começou a fazer o jantar às 17h50. Se o tempo do preparo dos pratos é de 1 hora e 20 minutos, a que horas o jantar estará pronto?

Resposta: ______________________________

5. Um ônibus saiu da rodoviária às 14h20 do dia 5 de março para uma viagem que dura 29 horas. Qual é o dia e o horário em que o ônibus chegará ao destino?

SHUTTERSTOCK/ MARIANA TIEMI

Resposta: ______________________________

6. Três atletas participaram de uma corrida: o primeiro realizou a prova em 84 minutos; o segundo, em 1 hora e 20 minutos e o terceiro, em 4 200 segundos. Qual dos três atletas realizou a prova em menos tempo?

____

7. Márcio e Ana foram ao cinema e assistiram a um filme que teve duração de 2h15min. Quantos minutos durou o filme?

____

____

DIÁRIO DE BORDO

Nessas atividades, você aprendeu que:

- há várias unidades de medida de tempo;
- o intervalo de tempo é definido entre o início e o término de um evento.

SEQUÊNCIA

13 COMPRIMENTO E ÁREA

VAMOS COMEÇAR!

Fabiana vai pintar a parede lateral de sua casa cujas medidas são 10,3 m de comprimento por 2,7 m de altura. A tinta que ela escolheu é vendida em latas com rendimento para 15 m² cada uma. Quantas latas ela precisará comprar?

ILUSTRA CARTOON

a) Qual é, aproximadamente, a área da parede que Fabiana vai pintar?

b) Quantas latas de tinta Fabiana precisa comprar para pintar a parede?

VAMOS ENTENDER!

1. Caio mede 1,50 m de altura, e seu cachorro de estimação tem a terça parte de sua altura. Qual é a altura do cachorro de Caio?

____

____

2. Diariamente, Daniel treina corrida. No primeiro dia, ele correu 950 m, no segundo dia, 1 650 m e, no terceiro dia, 807 m. Quantos metros ele correu nos três dias de treino?

____

____

3. Em cada caso, indique a unidade de medida mais adequada para realizar as medidas.

a) A altura de uma casa: ______________________.

b) A distância entre duas cidades: ______________________.

c) A altura de um copo: ______________________.

d) A espessura de um caderno: ______________________.

e) O comprimento de uma agulha: ______________________.

O milímetro, o centímetro, o metro e o quilômetro são unidades de medida de comprimento bastante utilizadas.

Observe as correspondências entre essas unidades:

1 m = 100 cm = 1000 mm

1 km = 1000 m

4. Complete.

a) 0,58 km = ________ m

b) 3,28 m = ________ mm

c) 6,25 cm = ________ m

d) 50 mm = ________ m

5. Flávio correu, em um dia, 8,36 km. Quantos metros ele correu?

- [ ] 440 m
- [ ] 1 160 m
- [ ] 8 360 m
- [ ] 80 360 m

6. Um carro fez um percurso de uma cidade **A** até uma cidade **B**, percorrendo 9,5 km. Em seguida, ele foi da cidade **B** até a cidade **C**, percorrendo 19,28 km, e, finalmente, foi da cidade **C** até a cidade **D**, percorrendo 587 m. Indique a medida de comprimento total desse percurso, em metros.

____

7. Helena mediu a largura da porta de seu quarto com palmos e obteve a medida 5 palmos. Se a porta tem 0,8 m de largura, qual é o comprimento do palmo de Helena, em centímetros?

____

8. Um quadrado tem 12 cm de perímetro.

Qual é o comprimento dos lados desse quadrado?

SHUTTERSTOCK

9. Calcule o perímetro de cada uma das figuras.

a) Quadrado

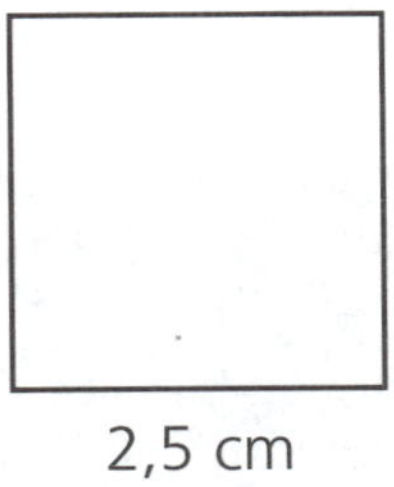

b) Retângulo

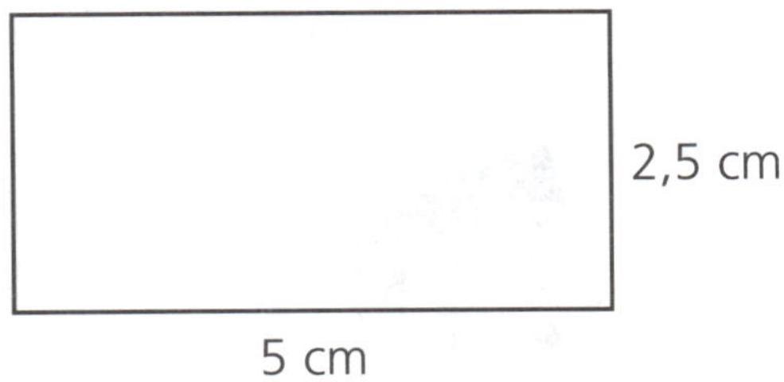

c) Hexágono regular

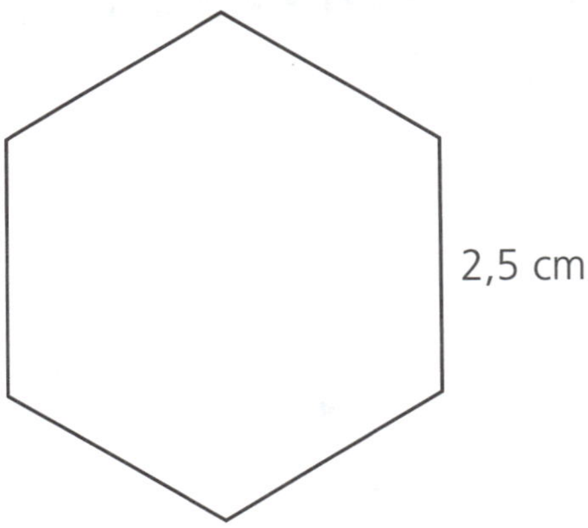

d) Pentágono regular

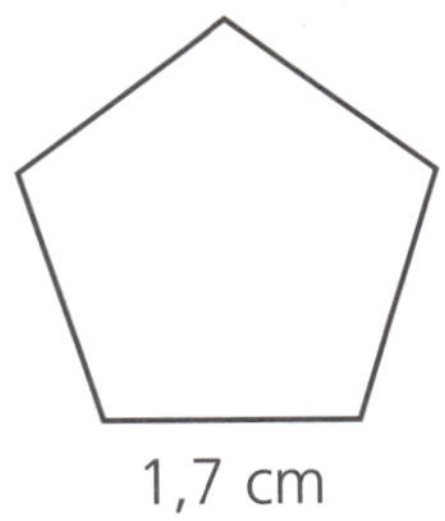

10. A tampa de uma caixa de sapatos tem o formato de um retângulo cujo comprimento mede 26 cm e a largura, 15 cm. Qual é o perímetro da tampa dessa caixa de sapatos?

____

____

11. Fernanda comprou um terreno quadrado cujo perímetro mede 48 m. Qual é a medida de cada lado do terreno?

____

____

12. Observe a imagem e responda às perguntas a seguir.

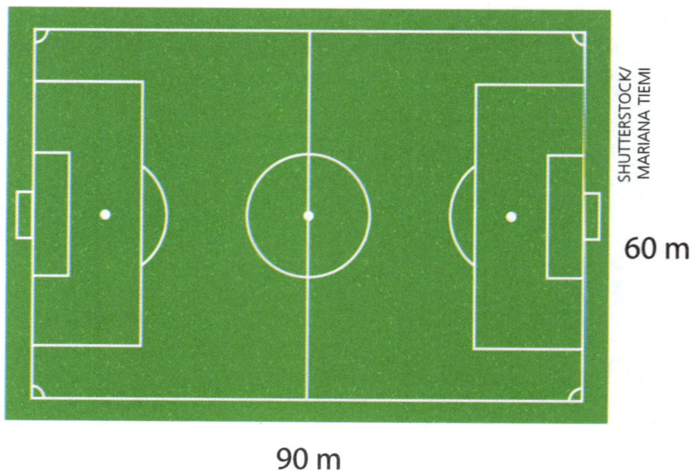

a) Qual é o perímetro desse campo de futebol?

____

b) O que devemos fazer para calcular a área desse campo de futebol?

____

____

c) Quanto mede a área desse campo de futebol?

____

____

Para calcular a área de um retângulo, multiplicamos a medida do comprimento pela largura.

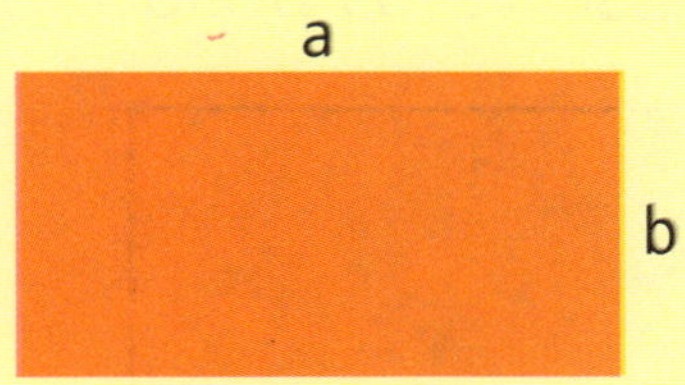

$A = a \times b$

13. Observe os polígonos.

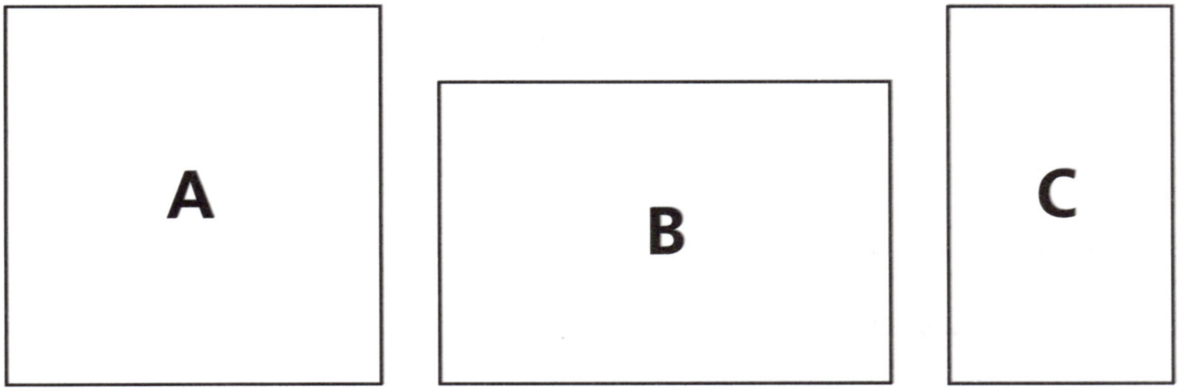

a) Qual é o perímetro de cada polígono?

Polígno A: ______________________

Polígno B: ______________________

Polígno C: ______________________

b) Qual é a área de cada polígono?

Polígno A: ______________________

Polígno B: ______________________

Polígno C: ______________________

c) Complete.

O perímetro dos polígnos ______ e ______ são iguais, mas suas áreas são ______________.

14. Observe os polígonos.

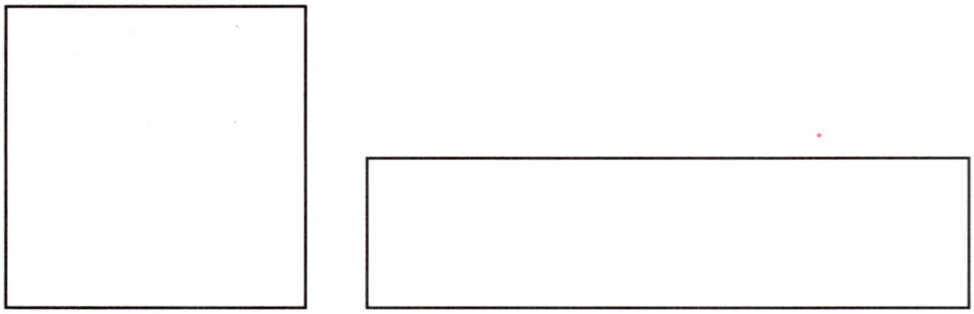

a) Qual é o perímetro de cada polígono?

Quadrado: ______________________________

Retângulo: ______________________________

b) Qual é a área de cada polígono?

Quadrado: ______________________________

Retângulo: ______________________________

c) Complete.

O perímetro das duas figuras são ______________, mas suas áreas são ______________.

15. Daniel está plantando verduras em uma parte de sua fazenda. Ele resolveu fazer uma cerca ao redor da horta. Sua horta tem o formato de um retângulo de 6 m por 3 m.

a) Quantos metros de cerca Daniel precisa fazer?

____

____

____

b) Qual é a área da horta, em m^2?

____

____

____

16. As figuras a seguir estão desenhadas em uma malha quadriculada com quadradinhos de 1 cm de lado.

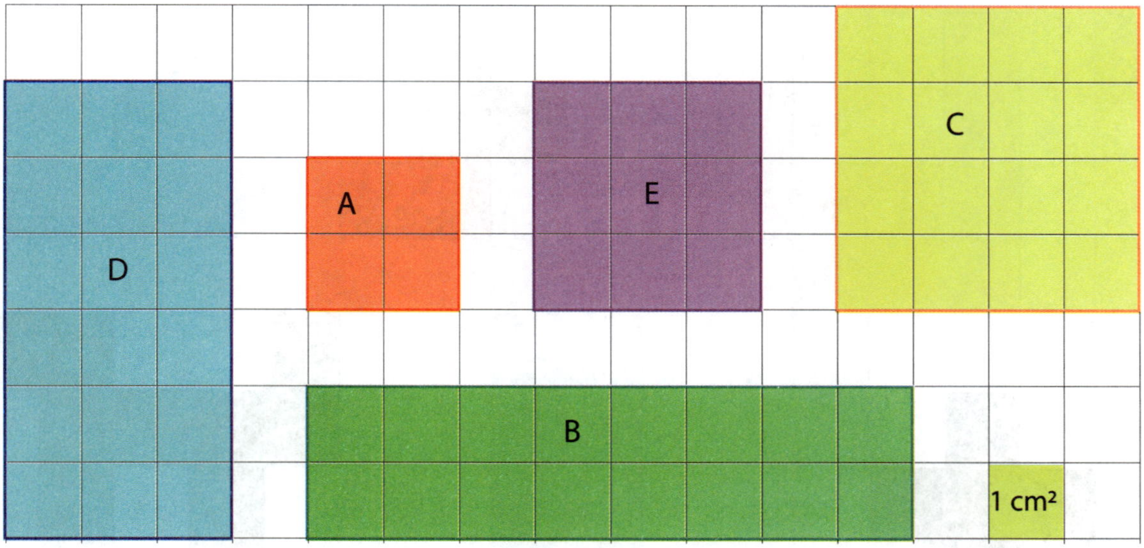

MARIANA TIEMI

a) Complete o quadro.

Figuras	Área	Perímetro
A		
B		
C		
D		
E		

b) Há figuras com o mesmo valor de área e de perímetro? Quais?

____

17. Desenhe, no quadriculado a seguir, duas figuras: uma com área de 8 cm² e outra com perímetro de 8 cm.

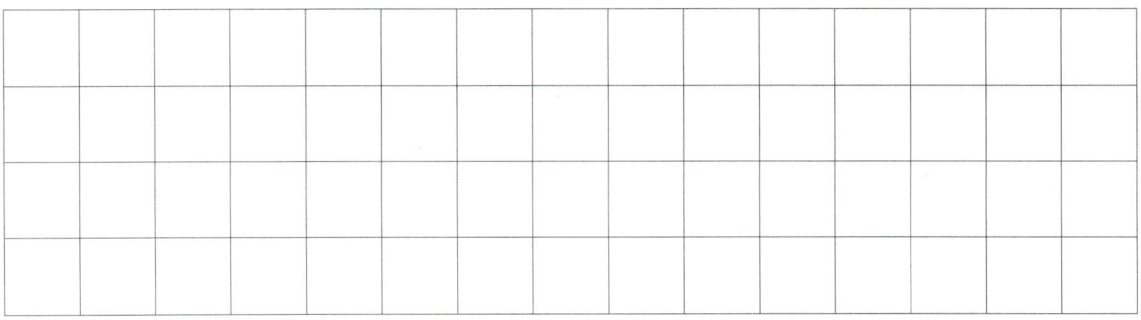

MARIANA TIEMI

18. Os polígonos estão representados em malha quadriculada, em que cada quadradinho tem lado medindo 1 cm.

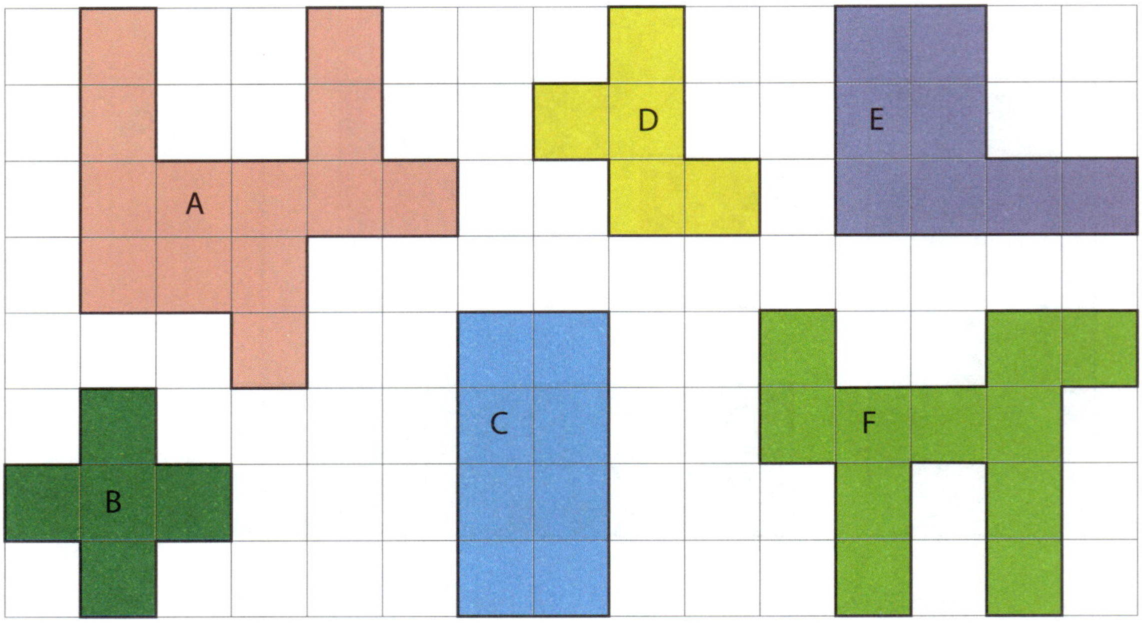

MARIANA TIEMI

a) Complete o quadro com o perímetro e a área de cada polígono.

	Área (cm²)	Perímetro (cm)
A		
B		
C		
D		
E		
F		

b) Identifique os polígonos que têm áreas iguais. Seus perímetros também são iguais?

____

____

c) Identifique os polígonos que têm perímetros iguais. Suas áreas também são iguais?

____

____

19. Juliana precisa colar, em uma cartolina, imagens de formato retangular de 5 cm por 10 cm. Sabe-se que a cartolina também tem formato retangular de 40 cm por 50 cm.

a) Qual é a área de cada imagem que Juliana precisa colar?

____

b) Qual é a área da cartolina?

____

c) Quantas figuras, no máximo, são possíveis colar na cartolina sem sobrepô-las?

____

20. Uma parede tem 2,5 metros de altura e 4 metros de comprimento. Sabendo que nessa parede há uma porta de 2 metros de altura por 1 metro de largura, qual é a área dessa parede?

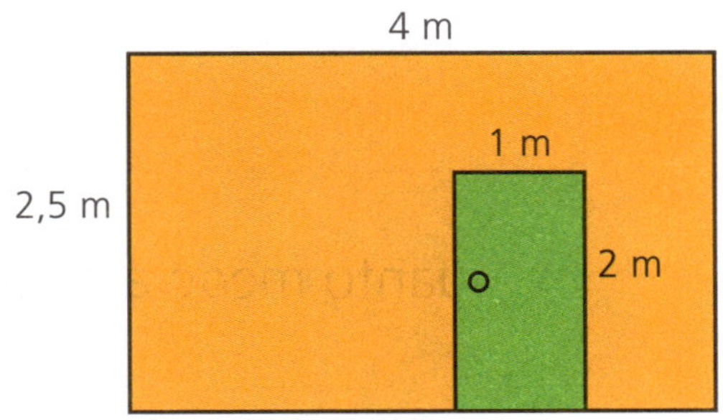

____

21. Marcela tem um pedaço de tecido com 25 cm de largura e 2 m de comprimento. Com ele, Marcela vai fazer guardanapos quadrados com 25 cm de lado cada um. Quantos guardanapos ela conseguirá fazer?

____

22. Uma toalha quadrada tem 1,5 m de lado. Ela está sobre uma mesa, também de tampo quadrado, de 2 m de lado.

a) Faça um desenho da mesa com a toalha em cima. Depois, pinte a área da mesa que não ficará coberta pela toalha.

b) Quanto mede a área da mesa?

____

c) Quanto mede a área da toalha?

____

d) Quanto mede a área não coberta pela toalha?

____

DIÁRIO DE BORDO

Nessas atividades, você aprendeu que:

- para medir comprimentos, podem ser utilizados múltiplos e submúltiplos do metro;
- figuras com perímetros iguais podem ter áreas diferentes.

SEQUÊNCIA 14 CAPACIDADE E VOLUME

VAMOS COMEÇAR!

Janaína tem uma loja de jogos na qual expõe cubos mágicos em uma caixa transparente sobre o balcão.

SHUTTERSTOCK/MARIANA TIEMI

a) Quantos cubos cabem no comprimento da caixa? E na largura?

b) Janaína vai colocar uma camada completa de cubos no fundo da caixa. Quantos cubos ela vai colocar?

c) Quantos cubos, no total, cabem na caixa?

VAMOS ENTENDER!

A **capacidade** de um recipiente indica quanto cabe nesse recipiente. O espaço ocupado por um corpo recebe o nome de **volume**.

1. Observe, no quadro, a capacidade de alguns recipientes.

Recipiente	Capacidade
Jarra para suco	2 L
Garrafa térmica	750 mL
Garrafa para água	5 L
Frasco para perfume	50 mL
Panela	2,5 L

a) Escreva o nome de dois desses recipientes de modo que um tenha o dobro da capacidade do outro.

____

b) Qual recipiente tem a capacidade entre 2 litros e 3 litros?

____

c) Quais dos recipientes têm capacidade menor do que 1 litro?

____

2. Patrícia está preparando gelatina para uma festa de aniversário. Ela comprou potes com capacidade para 50 mL e preparou 2 150 mL de gelatina. Quantos potes ela vai utilizar para distribuir a gelatina?

____

3. Roberta fez 5 litros de suco e precisa distribuí-los em copos de 200 mL cada um. De quantos copos ela vai precisar para distribuir todo o suco?

____

O **mililitro** e o **litro** são unidades de medida bastante utilizadas tanto para medir a capacidade de recipientes como para o volume de líquidos.

1 L corresponde a 1 000 mL

1 L = 1000 mL

4. Transforme as unidades de medida.

a) 4 L = ________ mL

b) 250 mL = ________ L

c) 1 250 mL = ________ L

d) 3,5 L = ________ mL

e) 0,5 L = ________ mL

f) 10 mL = ________ L

5. Uma piscina tem capacidade máxima de 25 500 L de água. Ela já foi abastecida com 15 250 L de água. Quantos litros de água faltam para preenchê-la completamente?

____

____

____

6. Antônio fabrica meias e, para armazenar sua produção, tem duas opções de caixas para escolher. Ele deve escolher a caixa que tem maior capacidade, pois precisa armazenar a maior quantidade possível de meias. Que caixa ele deverá escolher?

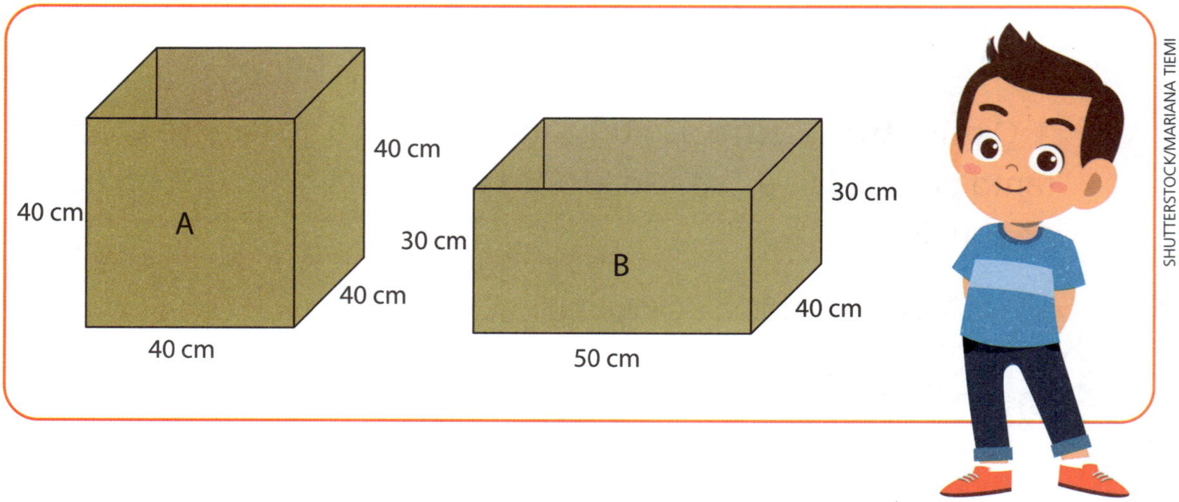

- Capacidade da caixa **A**:

  __________ × __________ × __________ = __________ cm^3

  largura comprimento altura

- Capacidade da caixa **B**:

  __________ × __________ × __________ = __________ cm^3

  largura comprimento altura

- Ele deve escolher a caixa _____, que tem formato de __________.

Em uma caixa em formato de cubo, com aresta igual a 1 dm (10 cm), cabe 1 L de água. Portanto, valem as seguintes relações entre as unidades de medida:

$1 \text{ L} = 1 \text{ dm}^3$

$1 \text{ L} = 1000 \text{ cm}^3$

$1 \text{ m}^3 = 1000 \text{ L}$

7. Complete.

a) 0,5 L = ______ cm^3

b) 1 000 L = ______ m^3

c) 2 500 cm^3 = ______ L

d) 3 m^3 = ______ L

e) 5 dm^3 = ______ L

8. Um aquário tem o formato de um cubo cuja aresta mede 3 dm.

a) Qual é a capacidade total do aquário em dm^3 e em litros?

____

____

b) Se for colocada água até a metade de sua capacidade, qual será o volume de água colocado no aquário?

____

9. Encontre o volume, em cm^3, desta pilha de cubos, sabendo que cada aresta mede 7 cm.

____

10. A professora pediu a Davi que escolhesse uma caixa com volume de 1 dm^3. Que opção Davi deverá escolher?

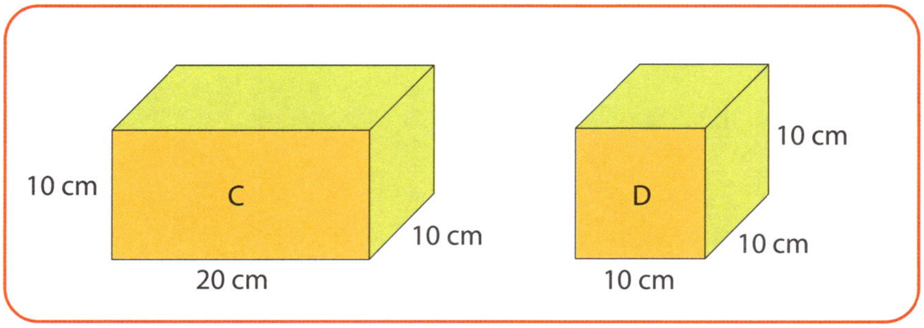

____

11. A figura abaixo mostra três cubos.

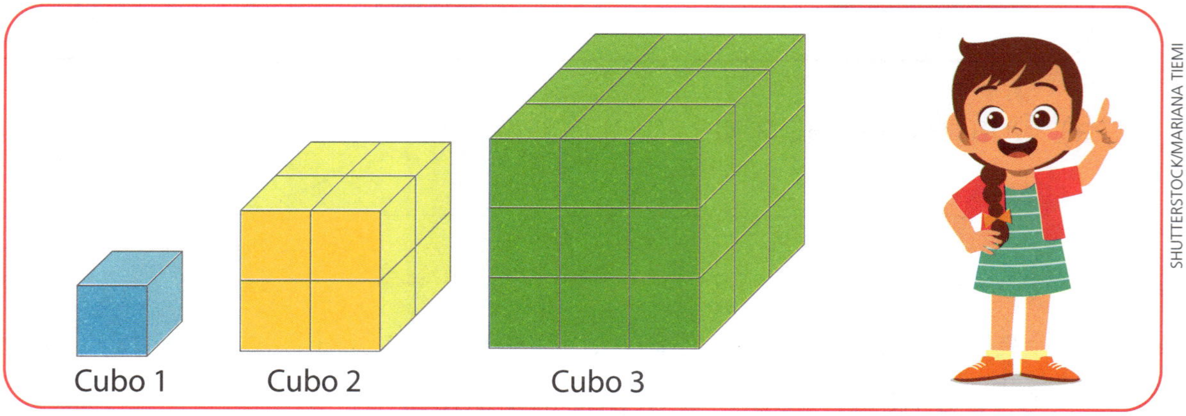

a) Qual é o volume do cubo 1? ______________________

b) Qual é o volume do cubo 2? ______________________

c) Qual é o volume do cubo 3? ______________________

12. Sabendo que uma caixa tem 30 cm de comprimento, 25 cm de largura e 20 cm de altura, calcule o volume ocupado por 8 delas.

____

13. Os produtos de uma empresa são transportados em paletes, como o da imagem. Em cada palete são colocadas 16 caixas. Cada caixa tem 30 cm de largura, 50 cm de comprimento e 30 cm de altura.

SHUTTERSTOCK/EDITORIA DE ARTE

a) Qual é o volume de cada caixa em cm^3? E em dm^3?

b) Qual é o espaço ocupado por cada palete, em m^3, considerando apenas as caixas?

14. Uma caixa-d'água tem formato de um cubo com 1 m de aresta. Qual é a capacidade dessa caixa?

15. Um aquário em formato de bloco retangular tem capacidade para 30 L de água. Se sua base tem 30 cm de comprimento por 25 cm de largura, qual é a altura desse aquário?

DIÁRIO DE BORDO

Nessas atividades, você aprendeu que:

- a capacidade de um recipiente indica quanto cabe dentro dele;
- o volume é o espaço que um corpo ocupa;
- em uma caixa cúbica, com 10 cm de aresta, cabe 1 L de água.

SEQUÊNCIA 15

MEDIDAS DE MASSA

VAMOS COMEÇAR!

A recomendação é de que crianças acima de 8 anos não devem carregar peso acima de 10% do peso corporal. A sugestão [...] é arrumar a mochila diariamente, colocando apenas o material escolar necessário para as aulas.

SHUTTERSTOCK

Fonte: **Pais devem ter atenção com as mochilas**. Ministério da Saúde. Disponível em: http://bit.ly/3WepolA. Acesso em: 13 fev. 2023.

SHUTTERSTOCK

Lucas vai pesar sua mochila para saber se está dentro do limite recomendado para ele.

Se Lucas pesa 38 kg, qual pode ser o peso de sua mochila?

VAMOS ENTENDER! !!!

O **miligrama** (mg), o **grama** (g) e o **quilograma** (kg) são unidades utilizadas para medir **massa**.

- 1 kg = 1000 g
- 1 g = 1000 mg

1. Complete.

a) 0,5 kg = ______ g

b) 3,86 g = ______ mg

c) 0,074 g = ______ mg

d) 50 g = ______ kg

e) 320 g = ______ kg

f) 100 mg = ______ g

2. João levou 160 bandejas de morango para vender na feira. Cada bandeja tem, em média, 250 g. Quantos quilogramas de morango João levou para vender?

SHUTTERSTOCK

____

3. Jonas foi a um açougue comprar carnes para fazer um churrasco. Ele comprou 2 350 g de carne bovina, 6,5 kg de frango e 1 500 g de linguiça. Quantos quilogramas de carne ele comprou ao todo?

4. Ao fazer compras no supermercado, Vinícius comprou um melão que tinha 728 gramas, um abacate com 328 g, um mamão com 1,106 kg e uma melancia com 4,05 kg. No total, em quilogramas, quanto Vinícius comprou em frutas?

5. Para fazer um bolo, são necessários 320 gramas de farinha de trigo. Quantos quilogramas de farinha de trigo são necessários para fazer sete bolos?

6. Para medir a massa de seu gato, Ana precisa se pesar com ele. Inicialmente, Ana se pesou e anotou 36 kg. Em seguida, subiu na balança com seu gato e observou que a balança indicou 38,2 kg. Qual é a massa do gato de Ana?

DIÁRIO DE BORDO

Nessas atividades, você aprendeu que:

- 1 kg corresponde a 1 000 g;
- 1 g corresponde a 1 000 mg.

SEQUÊNCIA

16 MEDIDAS DE TEMPERATURA

VAMOS COMEÇAR!

Eloá e sua família foram conhecer os Estados Unidos durante o verão. Ela contou a seus pais que lá, para medir a temperatura, utiliza-se a escala Fahrenheit, que é diferente da escala Celsius utilizada no Brasil.

SHUTTERSTOCK

A imagem exibe um termômetro duplo, em Fahrenheit e Celsius.
Estação meteorológica de Furnace Creek (Riacho da Fornalha), no Parque Nacional do Vale da Morte, Califórnia, EUA. Junho de 2022.

Observe o termômetro mostrado na imagem. O que indica 105 °F? Seria o mesmo que 105 °C?
Nesse local, faz calor ou frio?

A temperatura corporal ideal de uma pessoa deve se manter entre 36 °C e 37 °C. Observe na figura as temperaturas de Enzo e de Ana.

a) Qual das crianças está com a temperatura dentro do intervalo ideal? ______

b) Qual das crianças está com a temperatura acima do ideal?

______

2. Escolha um lugar e um horário e meça a temperatura do ambiente ao longo de uma semana. Anote suas observações.

a) Qual é o local em que as medidas foram feitas?

______

b) Em que horário as medidas foram feitas?

______

c) Complete o quadro com as medidas obtidas.

Dias da semana	Data	Temperatura em °C
Segunda-feira		
Terça-feira		
Quarta-feira		
Quinta-feira		
Sexta-feira		

3. A tabela mostra as temperaturas mínima e máxima de algumas capitais brasileiras em 8 de janeiro de 2023.

Temperaturas de capitais brasileiras

Capital	Temperatura mínima (°C)	Temperatura máxima (°C)
Manaus (AM)	24,7	32,4
Salvador (BA)	24,2	31,3
São Paulo (SP)	16,2	23,5
Rio de Janeiro (RJ)	19,5	25,2
Porto Alegre (RS)	19,6	30,9

Fonte de pesquisa: Instituto Nacional de Meteorologia. Disponível em: https://tempo.inmet.gov.br/CondicoesTempoRegistradas/. Acesso em: 13 jan. 2023.

a) Em qual cidade a temperatura mínima foi mais alta?

____

b) Em qual cidade a temperatura mínima foi mais baixa?

____

c) Qual foi a maior temperatura registrada? Em qual cidade?

____

d) Qual foi a menor temperatura registrada? Em qual cidade?

____

SHUTTERSTOCK/MARIANA TIEMI

4. Observe os termômetros indicando temperaturas diferentes em 3 cidades brasileiras. Depois, complete.

SHUTTERSTOCK/MARIANA TIEMI

a) Cidade com a temperatura mais baixa: ______________________

b) Cidade com a temperatura mais alta: ______________________

c) Diferença de temperatura entre a cidade mais quente e a mais fria: ______________________

d) Hoje, qual é a temperatura na cidade em que você mora?

____

DIÁRIO DE BORDO

Nessas atividades, você aprendeu que:

- no Brasil, a temperatura é medida em graus Celsius (°C);
- existem outras escalas de medida de temperatura, como a Fahrenheit (°F).

SEQUÊNCIA 17 NOÇÕES DE ESTATÍSTICA

VAMOS COMEÇAR!

Leia o texto a seguir.

Crianças e jovens brasileiros são os mais expostos no mundo a celulares e outros *devices*

[...] O país obteve o maior resultado sobre uso de celular relatado entre crianças e adolescentes, com uma taxa geral de 96%. E esse uso começa mais cedo do que nunca, com 95% dos pré-adolescentes e adolescentes dizendo que usam um *smartphone*, 19% acima da média global nessa idade.

Crianças e jovens brasileiros são os mais expostos no mundo a celulares e outros *devices*, de Luiz Gustavo Pacete. **Forbes**, 13 maio 2022. Disponível em: http://bit.ly/3QLzfhO. Acesso em: 17 jan. 2023.

a) Quem pode ter respondido às perguntas da pesquisa relatada no texto?

b) Que pergunta você acha que foi feita aos entrevistados para obter esse resultado de pesquisa?

c) Você considera importante saber sobre o tema dessa pesquisa?

VAMOS ENTENDER!

1. Leia a notícia a seguir.

Prática de atividade física

28,1% dos estudantes brasileiros de 13 a 17 anos de idade praticaram 300 minutos, ou mais, de atividade física na semana anterior à pesquisa, sendo classificados como fisicamente ativos. A pesquisa revelou ainda que, desses estudantes classificados como fisicamente ativos, 38,5% eram do sexo masculino e 18,0%, do sexo feminino. 61,8% dos alunos foram classificados como insuficientemente ativos, demonstrando que esses escolares praticam algum tipo de atividade física (entre 1 e 299 minutos); e 8,7% como inativos, revelando que não dedicam nem um minuto para realizar atividades físicas.

A saúde dos adolescentes. **IBGE Educa**. Disponível em: http://bit.ly/3iKWP1I. Acesso em: 17 jan. 2023.

a) Qual é o tema da pesquisa descrita no texto?

____

____

b) Se for considerado um total de 5 000 estudantes entrevistados, quantos foram classificados como fisicamente ativos?

____

c) A maioria dos entrevistados foi classificada como:

☐ inativa. ☐ insuficientemente ativa. ☐ ativa.

d) É possível dizer qual esporte os estudantes entrevistados praticam?

____

____

2. Paulo e Ana tiveram a ideia de arrecadar ração para doar a um abrigo de animais. Eles anotaram quantos quilogramas de ração conseguiram arrecadar nos 4 primeiros meses do ano e representaram esses dados em um gráfico.

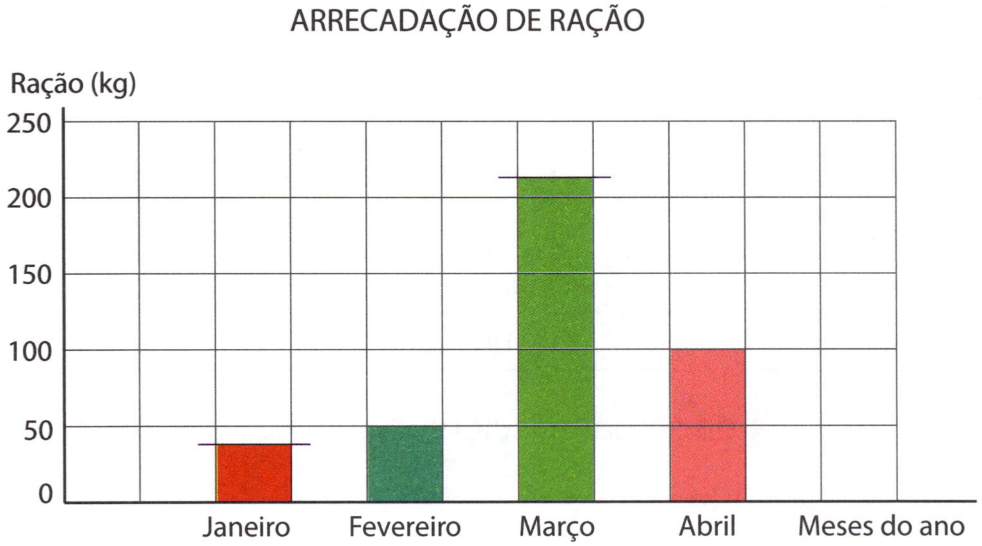

MARIANA TIEMI

a) Em que mês Paulo e Ana arrecadaram mais ração? Esse valor ficou mais próximo de 150 kg ou de 200 kg?

____

____

b) Em que mês Paulo e Ana arrecadaram menos ração? Quantos quilogramas, aproximadamente, foram arrecadados?

____

____

c) Podemos afirmar que, no mês de março, a quantidade de ração superou a quantidade dos meses de janeiro, fevereiro e abril juntos?

____

____

d) Assinale a quantidade mais próxima de quilogramas de ração arrecadados por Paulo e Ana de janeiro a abril.

☐ 300 kg ☐ 400 kg ☐ 500 kg

3. Helena gosta de fazer caminhada todos os dias no início da manhã. Observe, no quadro a seguir, o tempo de caminhada em cada dia de uma semana.

Dias da semana	Tempo
Domingo	104 minutos
Segunda-feira	82 minutos
Terça-feira	78 minutos
Quarta-feira	1 hora e 15 minutos
Quinta-feira	1 hora e meia
Sexta-feira	90 minutos
Sábado	100 minutos

a) Em que dia da semana Helena caminhou por mais tempo?

- ☐ Domingo
- ☐ Segunda-feira
- ☐ Quarta-feira
- ☐ Terça-feira

b) Em que dia da semana Helena caminhou por menos tempo? Por quanto tempo ela caminhou nesse dia?

____

____

c) Assinale os dias da semana em que a caminhada durou 90 minutos.

- ☐ Segunda-feira
- ☐ Quinta-feira
- ☐ Terça-feira
- ☐ Sexta-feira
- ☐ Quarta-feira

d) Compare os dias em que Helena caminhou por mais e por menos tempo. Qual é a diferença de tempo de caminhada nesses dois dias?

____

4. Fabiana tem uma lanchonete e vai fazer um levantamento da quantidade de sucos que foi vendida em uma semana, de segunda-feira a sábado. Observe o gráfico que representa as vendas de Fabiana.

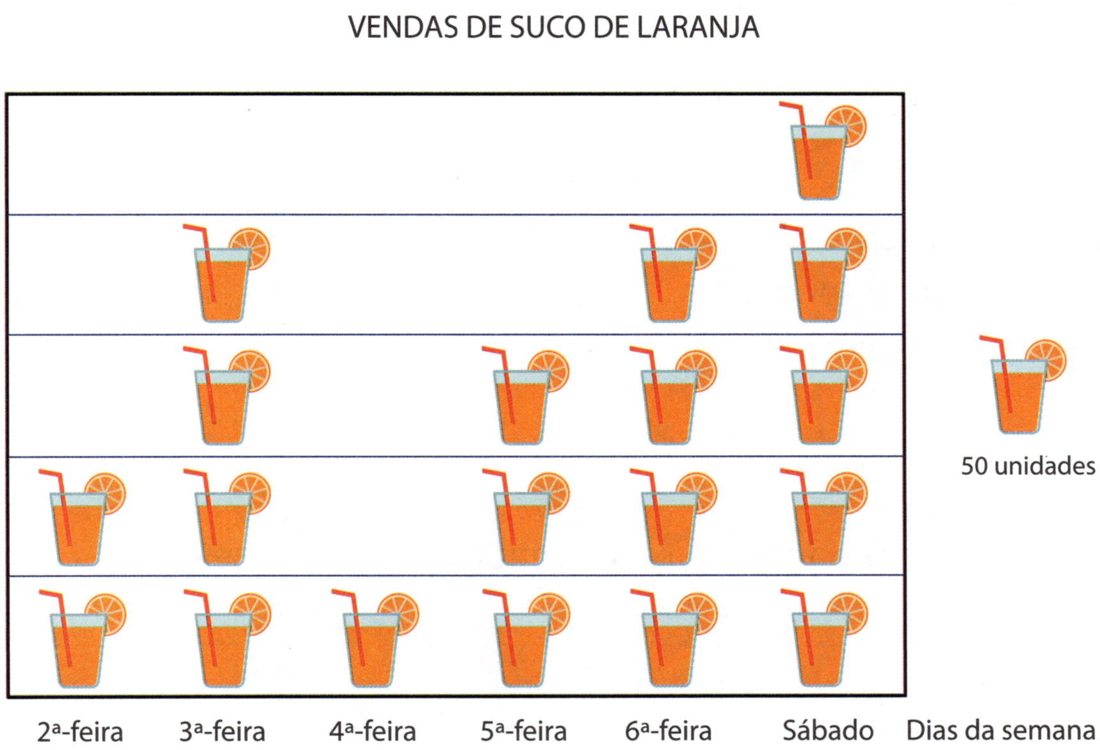

SHUTTERSTOCK/MARIANA TIEMI

a) Em que dia da semana a venda de sucos foi maior? Qual foi a quantidade de sucos vendidos nesse dia?

____

b) Em que dia da semana a venda de sucos foi menor? Qual foi a quantidade de sucos vendidos nesse dia?

____

c) Quantos sucos foram vendidos na segunda-feira e na terça-feira?

____

d) Na sexta-feira, quantos sucos foram vendidos a mais do que na quarta-feira?

____

____

e) Em quais dias foram vendidas as mesmas quantidades de sucos?

____

____

____

f) Se a venda de sucos na segunda-feira tivesse sido o dobro, esse número seria maior do que a quantidade de sucos vendidos na sexta-feira?

____

____

g) Qual foi o total de sucos vendidos durate a semana?

____

____

h) Complete o quadro com a quantidade de sucos vendidos durante a semana.

Dia da semana	Quantidade de sucos

5. O gráfico mostra os esportes que os alunos da escola de Miguel praticam. Nessa escola, cada aluno pratica apenas 1 esporte.

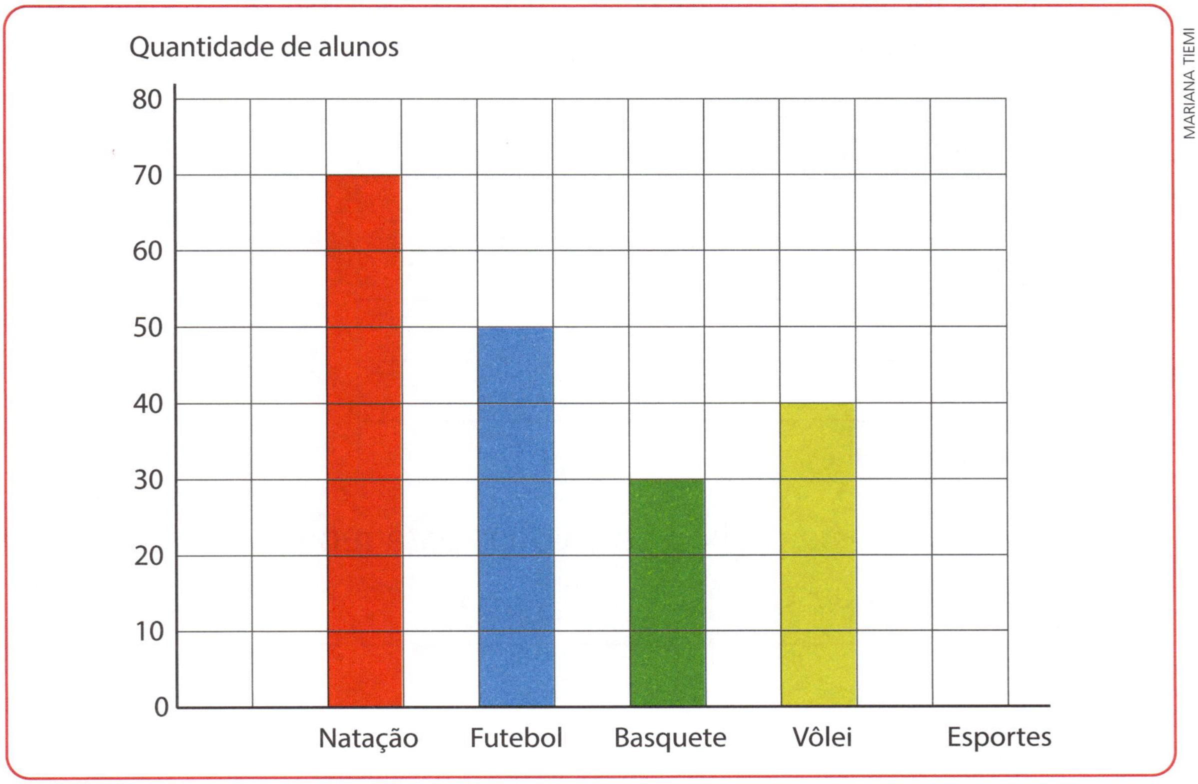

a) Qual é o esporte praticado pelo menor número de alunos?

____

____

b) Qual é o esporte praticado pelo maior número de alunos?

____

____

c) Apenas o vôlei e o basquete são praticados no ginásio da escola. Qual é a quantidade de alunos que praticam esporte no ginásio?

____

____

d) Qual é o total de alunos que praticam esporte na escola?

____

____

6. Em um condomínio de casas, será instalada uma lanchonete em uma área específica para atender aos moradores. Para saber os tipos de lanche preferidos dos moradores, foi feita uma pesquisa com 5 opções. Observe o resultado.

Opções de lanche	Quantidade de votos
Batata frita	20
Misto-quente	30
Pizza	50
Coxinha	40
Lanche natural	60

a) Complete este gráfico de colunas para representar os dados obtidos na pesquisa.

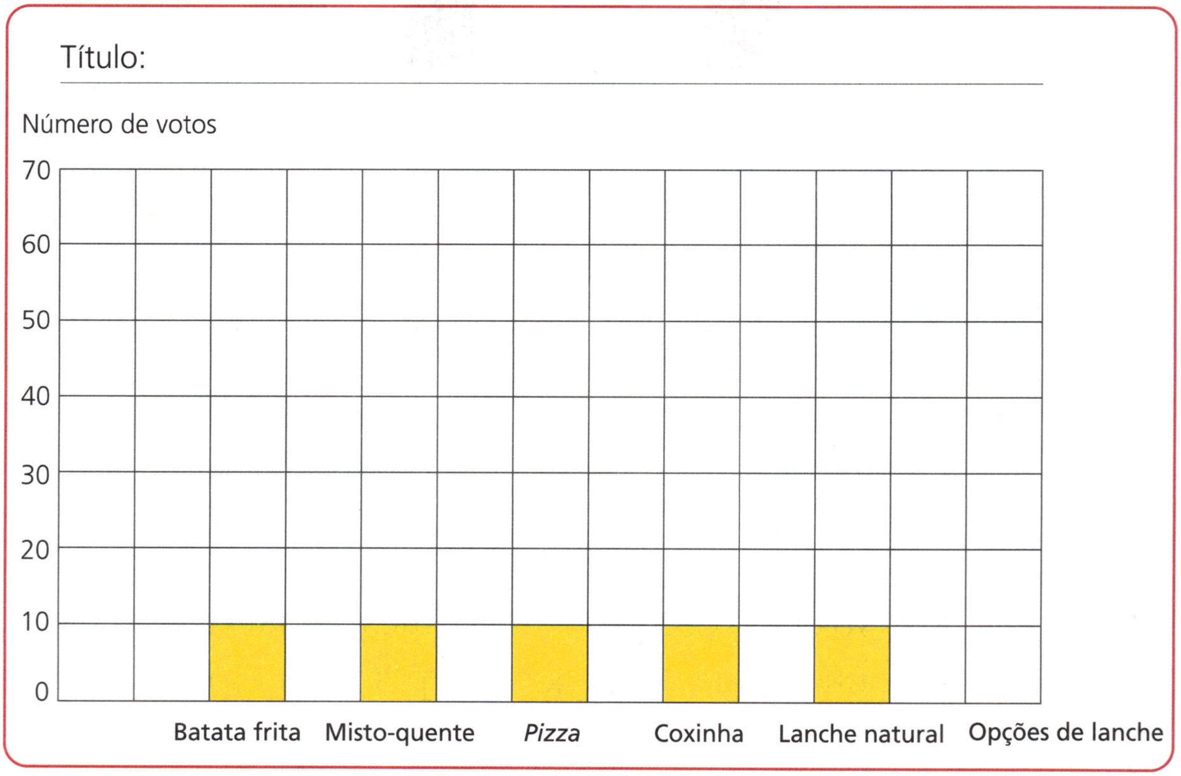

MARIANA TIEMI

b) Serão escolhidos dois tipos de lanche para vender na lanchonete. Em sua opinião, quais lanches serão vendidos? Por quê?

____

____

7. Você tem um animal de estimação? Será que seus colegas também têm? Faça uma pesquisa em sua escola para descobrir quem tem animais de estimação e quais são eles.

SHUTTERSTOCK/MARIANA TIEMI

a) Defina quem participará da pesquisa.

____

____

b) Elabore 3 perguntas para fazer aos participantes da pesquisa. Pense no que quer saber ao final da pesquisa.

____

____

____

____

c) Registre o resultado de sua pesquisa da maneira que achar mais adequada.

____

____

____

____

____

d) O resultado da pesquisa foi o que você esperava? Explique.

____

8. A escola de Rafael fez uma pesquisa sobre os lugares que os alunos gostariam de visitar. A cidade escolhida foi Bonito, localizada no estado de Mato Grosso.

a) Escolha 5 lugares turísticos de sua região para que os colegas votem no preferido deles. Registre o resultado da pesquisa no quadro a seguir.

Lugares turísticos da região	Quantidade de votos

b) Quantas pessoas foram entrevistadas para a pesquisa?

____

c) De acordo com a pesquisa, qual foi o lugar preferido? Por que você acha que esse lugar foi o mais votado?

____

____

d) O lugar mais votado é seu preferido também?

____

DIÁRIO DE BORDO

Nessas atividades, você aprendeu que:

- as informações podem ser organizadas em tabelas, gráficos ou textos;
- para realizar uma pesquisa, é preciso definir quem será entrevistado, elaborar perguntas e organizar os dados.

SEQUÊNCIA

18 NOÇÕES DE PROBABILIDADE

VAMOS COMEÇAR!

Observe a roleta a seguir.

SHUTTERSTOCK/MARIANA TIEMI

a) Ao girar essa roleta, quais são os resultados possíveis?

b) Em quantas partes a roleta está dividida? Quantas partes são vermelhas? E quantas são azuis?

c) Há mais partes vermelhas ou azuis?

d) Ao girar a roleta, que cor tem chance maior de sair?

VAMOS ENTENDER!

1. No jogo de Cara ou coroa, uma moeda é lançada para o alto, e dois competidores escolhem uma de suas faces. Quem escoher a face que cair voltada para cima ganha o jogo.

Coroa Cara

CASA DA MOEDA

a) Quantas opções há no jogo Cara ou coroa?

____

b) Há quantas chances de sair cara? E de sair coroa?

____

c) É possível saber quem vai vencer esse jogo antes de lançar a moeda?

____

Em um experimento, os casos em que um evento pode acontecer são chamados de **casos favoráveis**. O total de casos possíveis é chamado de **espaço amostral**.

2. Sobre o lançamento de um dado comum, responda:

a) Quais são todos os resultados possíveis ou o espaço amostral?

____

b) Há quantos casos favoráveis de sair o número 6?

____

c) Há quantos casos favoráveis de sair um número par?

____

d) A probabilidade de sair um número par é maior ou menor do que a de sair o número 6?

____

Para calcular a **probabilidade** de um evento acontecer, é preciso dividir o número de casos **favoráveis** pelo número de casos **possíveis**.

$$\text{Probabilidade} = \frac{\text{número de casos favoráveis}}{\text{número de casos possíveis}}$$

3. Considere o lançamento de um dado comum, numerado de 1 a 6.

a) Qual é o número de casos possíveis?

____

b) Quantos são os casos favoráveis de sair um número ímpar?

____

c) Qual é a probabilidade de, no lançamento de um dado comum, sair um número ímpar? Escreva na forma de fração e simplifique.

____

____

d) Ao lançar um dado comum, qual é a probabilidade de sair um número menor do que 5?

- [ ] $\frac{1}{2}$
- [ ] $\frac{2}{3}$
- [ ] $\frac{1}{6}$
- [ ] $\frac{5}{6}$

4. Lançando um dado azul e outro vermelho juntos, há 6 casos possíveis de o dado azul marcar 1 ponto.

SHUTTERSTOCK/ EDITORIA DE ARTE

1 1   1 2   1 3   1 4   1 5   1 6

Esses casos podem ser escritos na primeira linha de um quadro. Observe.

		Dado vermelho					
		1	2	3	4	5	6
Dado azul	1	**1** e **1**	**1** e **2**	**1** e **3**	**1** e **4**	**1** e **5**	**1** e **6**
	2						
	3						
	4						
	5						
	6						

a) Complete o quadro com os demais casos possíveis para o lançamento dos 2 dados.

b) Qual é o número total de casos possíveis no lançamento dos 2 dados?

____

c) No quadro, marque com **X** todos os casos cuja soma dos pontos é um número par. Quantos casos são?

____

____

d) Qual é a probabilidade de se obter um número par somando os pontos dos dois dados?

____

____

e) No quadro, marque com ◯ todos os casos cuja soma dos pontos dos dados é um número ímpar. Quantos casos são?

____

f) Qual é a probabilidade de se obter um número ímpar somando os pontos dos dois dados?

____

g) Em alguns jogos, existe uma regra na qual quem tira dois números iguais nos dados pode jogar novamente. Ao jogar dois dados, qual é a probabilidade de se obter números iguais?

____

h) No lançamento de dois dados, a maior probabilidade é de fazer soma 12 ou 7 pontos?

____

5. Observe a roleta.

SHUTTERSTOCK/MARIANA TIEMI

a) Ao girar a roleta, qual é a probabilidade de o gato ser sorteado?

b) Qual é a probabilidade de ser sorteado um animal qualquer?

c) Qual é a probabilidade de ser sorteada uma fruta qualquer?

d) Qual é a probabilidade de ser sorteada uma fruta que não seja a uva?

6. Dez bolas coloridas serão colocadas em um saco escuro de modo que não seja possível escolher uma cor para ser sorteada.

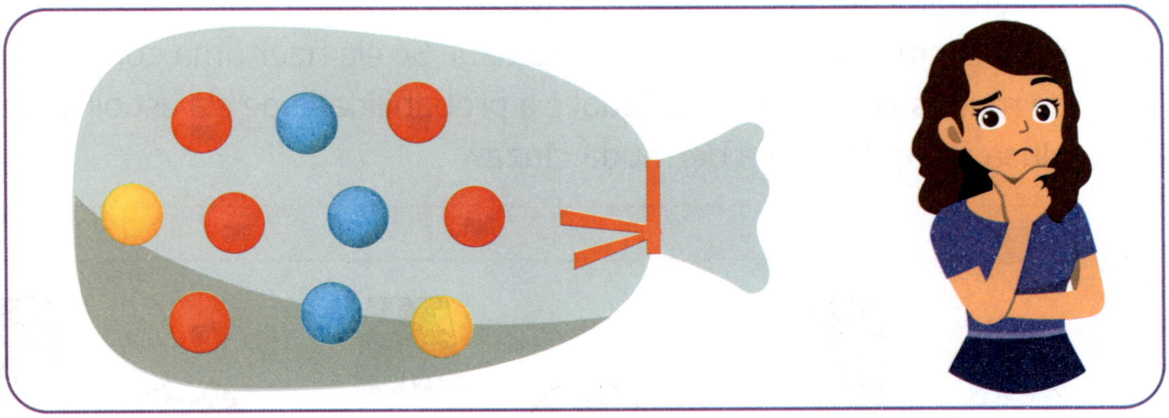

SHUTTERSTOCK/MARIANA TIEMI

a) Qual é a cor que tem maior chance de ser sorteada? Por quê?

____

____

b) Qual é a probabilidade de sortear uma bola vermelha?

c) Qual é a probabilidade de sortear uma bola azul?

d) Qual é a probabilidade de sortear uma bola amarela?

7. Observe como o problema a seguir foi resolvido.

Verônica tem 3 blusas, uma azul, uma amarela e uma vermelha, e duas bermudas, uma cinza e uma azul. Se ela fizer uma combinação de roupas aleatoriamente, qual é a probabilidade de ela escolher uma blusa amarela e uma bermuda cinza?

SHUTTERSTOCK/MARIANA TIEMI

Para calcular a probabilidade, basta dividir o número de casos favoráveis pelo número de casos possíveis:

$$\text{Probalidade} = \frac{\text{número de casos favoráveis}}{\text{número de casos possíveis}} = \frac{1}{6}$$

Resposta: A probabilidade de Verônica escolher a blusa amarela e a bermuda cinza é de 1 em 6, ou $\frac{1}{6}$.

- Se Verônica tivesse uma blusa vermelha e duas amarelas para as mesmas duas bermudas, cinza e azul, qual seria a probabilidade de ela escolher uma blusa amarela e uma bermuda cinza?

____

____

8. Em uma fruteira há 3 mangas, 4 cajus e 5 bananas.

SHUTTERSTOCK/MARIANA TIEMI

a) Qual é a probabilidade de retirar uma fruta ao acaso e ser uma manga? Complete.

Número de casos possíveis: ______

Número de casos favoráveis: ______

Probabilidade: __________

A probabilidade é de _____________.

b) Se a manga retirada não for devolvida para a fruteira, qual será a probabilidade de retirar ao acaso uma banana na segunda escolha?

Número de casos possíveis: ______

Número de casos favoráveis: ______

Probabilidade: __________

A probabilidade é de _____________.

c) Qual é a probabilidade de retirar uma fruta ao acaso e não ser uma banana?

Número de casos possíveis: ______

Número de casos favoráveis: ______

Probabilidade: __________

A probabilidade é de _____________.

9. Observe a combinação de cores da bandeira a seguir.

SHUTTERSTOCK

a) Que outra combinação poderia ser feita com as mesmas cores e mantendo a primeira faixa amarela? Pinte.

b) Com quantas sequências diferentes é possível pintar uma bandeira com 3 faixas usando as cores amarela, vermelha e verde? Complete o quadro com todas as possibilidades.

Amarelo, vermelho e verde	

____

Pinte as bandeiras com as cores que você encontrou.

c) Se forem pintadas bandeiras com as cores amarela, verde e vermelha em todas as sequências possíveis e escolher uma aleatoriamente, qual será a probabilidade de escolher uma bandeira com a primeira faixa na cor vermelha?
Complete.

Número de casos possíveis: ____________

Número de casos favoráveis: ____________

Probabilidade: ________

A probabilidade é de _______.

10. Fabiano tem uma caixa com 5 carrinhos azuis e 2 carrinhos vermelhos. Ele vai retirar um carrinho ao acaso. Qual é a cor do carrinho mais provável de Fabiano tirar?

SHUTTERSTOCK/MARIANA TIEMI

- [ ] Azul, porque o número de carrinhos é menor.
- [ ] Azul, porque o número de carrinhos é maior.
- [ ] Vermelho, porque o número de carrinhos é maior.
- [ ] Os dois têm a mesma chance.

11. A professora vai fazer um mural com as letras da palavra MATEMÁTICA. Para isso, ela recortou e colocou todas as letras dentro de uma caixa para fazer um sorteio. Assim que as letras são sorteadas, o aluno vai colocando no lugar correto.

M A T E M Á T I C A

a) Qual é a probabilidade de uma vogal ser sorteada? E de uma consoante ser sorteada?

____

____

b) Calcule a probabilidade de tirar a vogal que tem maior chance de ser sorteada.

____

____

12. Daniel tem em sua gaveta 1 par de meias pretas, 3 pares de meias cinza e 7 pares de meias brancas. Assinale as afirmações verdadeiras considerando que ele retire da gaveta um par de meias ao acaso.

- [ ] É mais provável que ele retire um par de meias cinza.
- [ ] É menos provável que ele retire um par de meias pretas.
- [ ] É mais provável que ele retire um par de meias cinza do que um par de meias pretas.
- [ ] Se ele retirar o par de meias pretas, será mais provável que o próximo par de meias a ser sorteado seja preto também.
- [ ] É mais provável que ele retire um par de meias brancas.

13. Em uma excursão pela cidade do Rio de Janeiro, um grupo foi formado por 4 chineses, 5 angolanos e 6 brasileiros. Durante o passeio haverá um sorteio, e quem ganhar terá um jantar com todas as despesas pagas. É maior a chance de que o ganhador seja um:

☐ chinês. ☐ angolano. ☐ brasileiro.

14. Na apresentação de fim de ano da escola de Helena foram distribuídos 100 convites numerados de 1 a 100. Ao final da apresentação, foi feito o sorteio de um livro, e a numeração dos convites foi utilizada. Qual é a probabilidade de um convite numerado entre 1 e 30 ser o premiado? Assinale a resposta correta.

☐ $\frac{1}{100}$

☐ $\frac{3}{10}$

☐ $\frac{31}{100}$

☐ $\frac{7}{10}$

DIÁRIO DE BORDO

Nessas atividades, você aprendeu que:

- a probabilidade é calculada dividindo o número de casos favoráveis ao evento pelo número total de casos possíveis no experimento.

Quadriculado de 1 cm